**어린이 Y대 공대생이 알려주는
챗GPT 공부법**

1판 1쇄 펴낸 날   2023년 7월 25일

지은이   정채원
그린이   신정아

펴낸이   박현미
펴낸곳   (주)이북스미디어
출판등록   2022년 4월 25일(제2022-000038호)
주소   서울시 용산구 임정로 11길 4
전화   02-701-5003
팩스   0505-903-5003
전자우편   admin@yibooks.co.kr

ⓒ 정채원·신정아, 2023
ISBN 979-11-983547-1-6   73500

- 이 책은 저작권법의 보호를 받으며 본사의 허락없이 복제 및 스캔 등을 이용해
  무단으로 배포할 수 없습니다. 책의 내용을 재사용하려면 반드시 동의를 구해야 합니다.
- 잘못된 책은 구매처에서 교환해 드립니다.
- 책값은 뒤표지에 표시되어 있습니다.

정채원 글 | 신정아 그림

차례

프롤로그 ······ 8

• 인공지능 친구, 챗GPT를 소개합니다! • ······ 10

1장 — 챗GPT와 대화하기

• 챗GPT의 가능성과 한계 • ······ 18

• 올바른 질문 방법 • ······ 26

• 챗GPT를 안전하게 사용하기 • ······ 36

2장 — 상상의 나래를 펼쳐봐!

• 동화 속 주인공과의 대화 • ······ 42

• 이야기 만들기 • ······ 45

• 내가 만든 캐릭터와 대화하기 • ······ 48

• 미래의 세계를 상상하며 이야기하기 • ······ 50

3장 — 챗GPT와 공부하기

- 수학 ·················· 54
- 영어 ·················· 68
- 과학 ·················· 84
- 국어 ·················· 101
- 코딩 ·················· 118

4장 — 자기주도 학습과 스트레스 관리

- 자기주도 학습을 위한 챗GPT 활용법 ·················· 142
- 챗GPT로 배우는 학업 스트레스 관리 ·················· 146
- 챗GPT와 함께 맞춤형 학습법 찾아보기 ·················· 151

부록 —
- 공부에 도움이 되는 AI 추천 ·················· 158

에필로그 ·················· 170
챗GPT의 장점 ·················· 172
챗GPT의 단점 ·················· 173

인공지능 친구, 챗GPT를 소개합니다!

고민이나 문제가 생겼을 때 어떻게 해결하나요?

친구나 부모님께 의논하기도 하고, 어떤 때는 혼자 끙끙 앓기도 하죠. 이때 해결책을 찾아 주고 걱정해 주는 나만의 친구가 있다고 생각해 보세요. 그 친구는 숙제할 때 어려운 문제를 도와달라고 하면 한달음에 달려와 해결해주고, 밤에 잠이 안 올 땐 함께 밤새도록 재미있는 이야기를 나눌 수도 있어요. 이런 듬직한 나만의 친구가 있다면 어떨까요?

혹시 '챗GPT'라고 들어봤나요? 이 친구는 컴퓨터 속에 살지만, 우리와 끊임없이 대화를 나누며 함께 성장하는 인공지능입니다.

| 인공지능이란 무엇일까요 |

 인공지능, 줄여서 AI(Artificial Intelligence)는 사람처럼 생각하고 행동하는 컴퓨터 시스템을 말합니다. 우리가 학교에서 공부하는 것처럼 인공지능도 정보를 학습하고, 그 정보를 바탕으로 문제를 해결하거나 결정을 내릴 수 있습니다.

 수학 시간에 '1+1은 2다'라는 것을 배우죠. 누군가 '2+2는 뭐지?'라고 물으면, '4'라고 답할 수 있습니다. 왜냐하면

고민도 같이 해결하고 공부도 함께 하는
너만의 상상 친구가 되어줄게.

'1+1=2'라는 것을 전에 학습했기 때문이에요. 인공지능도 이런 방식으로 작동합니다. 인공지능은 많은 양의 데이터를 학습하고, 그 데이터 속에서 패턴을 찾아내어 새로운 문제를 해결합니다. 이렇게 인공지능이 학습하는 과정을 '기계 학습' 또는 '딥러닝'이라고 부릅니다.

챗GPT는 어떻게 대화할까요

챗GPT는 인공지능의 한 종류라서 수많은 문장과 데이터를 학습하고, 이를 바탕으로 우리와 대화를 나눠요. 여기서 '데이터'란 챗GPT가 학습하는 데 사용하는 정보를 의미합니다. 이 정보는 수백만 개의 책, 기사, 웹 페이지에서 가져온 텍스트로 구성되어 있어요. 만화 속에 나오는 똑똑한 로봇처럼 질문에 답해주고, 우리가 궁금해하는 것들에 대해 알려주죠. 학교에서 배우는 것은 물론이고, 좋아하는 게임, 고민 상담, 혹은 엉뚱한 질문을 해도 언제나 최선을 다해 답변해줘요.

엉뚱한 질문도 궁금한 질문도 뭐든 답해줄 수 있지.
난 좀 척척박사거든.

예를 들어 "우리는 왜 잠을 자야 해?" 물어보면, 챗GPT는 "잠을 자면, 몸과 뇌가 휴식을 취해서 에너지를 충전하고 정보를 정리해요"라고 설명해줍니다. "왜 달은 밤에만 보이는 거야?" 물어보면, "사실 달은 밤뿐만 아니라 낮에도 볼 수 있어요. 하지만 밤에 하늘이 어두워져서 달이 더 잘 보일 뿐이죠"라고 대답하죠.

만화나 영화를 물어봐도 좋아요. 예를 들어 "아이언맨의 갑옷은 어떻게 만들어질까?"라고 묻는다면, "아이언맨의 갑옷은 극 중 캐릭터가 과학기술을 사용해서 만들었어요. 실제 세계에서는 아이언맨의 갑옷처럼 비행하거나 레이저를 쏘는 기능은 아직 가능하지 않습니다. 미래에 그런 기술이 나올 수 있을지는 앞으로의 과학 기술 발전에 달려 있겠죠."라는 현실적인 답변을 합니다. 과학적 궁금증을 더해본다면, "외계인이 실제로 존재할까요?"라는 질문에는 "우주는 너무나도 넓어서, 지구 외에 생명체가 존재할 가능성이 전혀 없는 것은 아닙니다. 그러나 현재까지 우리가 확인한 것 중에는 지구 외에 생명체가 존재하는 확실한 증거는 아직 없습니다. 그래서 과학자들은 계속해서 탐색하고 연구하고 있어요."라고 답변합니다. 어떤 질문에도 척척 대답해주는 챗GPT와 공부와 고민 상담, 취미활동까지 다양한 궁금증을 나눠볼까요?

챗GPT

챗GPT의 이름은 'Chat'과 'GPT'두 부분으로 나뉘어져 있다. 'Chat'은 채팅, 대화를 나누는 것을 의미하고, GPT는 'Generative Pretraining Transformer'의 줄임말로 'Generative'는 생성하는 것을, 'Pretraining'는 사전 학습을, 그리고 'Transformer'는 변형하는 것을 의미한다. 그래서 'GPT'는 사전에 학습된 데이터를 바탕으로 새로운 정보를 생성하거나 변형하는 기능을 가지고 있다.

출시 5일 만에 일일 이용자수가 100만 명을 넘어섰고 40일 만에 1000만명을 넘었다. 해외뿐만 아니라 우리나라 IT 업계에서도 알파고에 이은 두 번째 AI 돌풍이라며 엄청난 관심이 집중되고 있다. 그리고 출시한 지 단 두 달 만에 월 이용자 1억 명을 돌파하며 인터넷 탄생 이후의 최고의 소프트웨어라고 평가받으며 돌풍을 일으키고 있다. 챗GPT 등 앞으로 고성능 챗봇이 등장하면 숙제와 리포트로 점수를 매기는 방식이 사라질 거라고 예측하고 있다.

1장

챗GPT와 대화하기

챗GPT의 가능성과 한계

앞서 챗GPT는 우리가 알고 싶은 것들을 알려주는 척척박사 같다고 했죠? 하지만 아무리 다재다능한 척척박사도 모든 것을 다 알지는 못합니다. 지금부터는 챗GPT가 어떤 것을 알려줄 수 있고, 어떤 것을 모르는지 함께 알아볼 거예요.

| 챗GPT의 무한한 가능성 |

● 거대한 지식 보물창고

챗GPT는 거대한 지식 보물창고라고 할 수 있죠. 수학, 과학, 국어, 역사 등 우리가 알고 싶은 모든 주제에 관한 보물이 있어요. 무슨 보물을 찾고 싶든 그 보물이 무슨 의미가 있는지, 어떻게 이해해야 하는지도 알려줄 거예요.

● **창조적인 상상 친구**

챗GPT는 이야기를 만들거나, 시나 동화를 쓰는 것도 도와줄 수 있습니다. 공룡 시대를 모험하는 멋진 주인공이 되는 이야기를 만들고 싶다면, 함께 상상해 볼 수 있어요. 혹은 우주

를 탐험하는 고양이의 시나 동화, 연극의 대본 등을 작성하는 것도 가능해요. 지금 우리가 읽고 있는 이 책도 챗GPT의 도움으로 완성된 책이에요. 우리의 창조력을 키우는 데 많은 영감을 줄 수 있어요.

● **멋진 외국어 가이드**

챗GPT는 인공지능이니 여러 언어를 알고 있겠죠? 비트 있는 최신 팝을 듣고 있는데, 노래 가사의 의미가 궁금하다면 그 노래의 뜻을 한국어로 설명해 줄 수도 있어요. SNS에서 사귄

외국인 친구에게 DM을 보낼 때 유창한 외국어를 쓸 수 있게 도와줄 수도 있죠. 다른 언어로 세상을 좀 더 이해하고 즐길 수 있어요.

● **현명한 의사결정 도우미**

결정장애란 말이 있죠? 하나만 딱 선택해야 할 때 결정하기 정말 어려워요. 이럴 때도 도움을 받을 수 있어요. 친구 생일 선물을 결정하기 어려울 때 친구의 특징을 설명해주고, 여러 선물 아이디어를 받을 수 있죠. 혹은 "내일 수영장에 갈까,

도서관에 갈까?"라고 고민한다면, 챗GPT는 각 선택지의 장단점을 이야기하면서 우리가 좀 더 좋은 결정을 할 수 있도록 도와줄 거예요. 수영장은 재밌고 친구들과 운동도 할 수 있다는 장점이 있지만, 도서관은 조용하게 혼자만의 시간을 가지며 새로운 것을 배울 수 있다는 장점이 있다고 설명해주죠. 마치 현명한 친구와 함께 이야기하고 고민을 나누는 느낌을 받을 수 있을 거예요.

| 챗GPT는 완벽한 슈퍼히어로일까 |

완벽해 보이는 챗GPT도 몇 가지 중요한 한계점을 가지고 있습니다.

● 우당탕 정보 탐험가

챗GPT가 정보를 찾아내는 능력은 탐험가가 보물을 찾아 떠나는 과정과 비슷합니다. 아무리 능력 있는 탐험가라도 그 모험의 여정이 항상 완벽할 수는 없어요. 챗GPT도 정보를 탐색하는 과정에서 잘못된 정보를 줄 수도 있어요. 챗GPT는 "토끼는 모든 채소를 좋아한다"라고 말했는데, 그것을 곧이곧대로 받아들이면 안 됩니다. 토끼는 양배추를 먹으면 복통을 일으켜서 먹으면 안 돼요. 양배추도 채소지만 챗GPT는 그것을 걸러주지 않았죠. 숙제할 때도 챗GPT가 준 정보에만 의지하지 말고, 다른 책이나 인터넷 사이트도 찾아보는 게 좋아요. 챗GPT의 말은 모두 진실일 것이라고 무한 신뢰하지 말고, 반드시 참고만 하세요.

● 인간의 감정은 어려워!

챗GPT는 언어를 이해하고 대화할 수 있지만, 감정을 이해하기는 어려워요. 컴퓨터 프로그램이기 때문에 우리가 느끼는 기쁨, 슬픔, 화남 같은 감정을 느끼거나 경험하지 못하죠. 예를 들어 "오늘 학교에서 친구가 나를 무시했어. 정말 화가 나!"라고 말한다면, 챗GPT는 "화가 났다"는 감정을 알아채고 해결책을 주겠죠. 하지만 왜 그렇게 화가 났는지, 그리고 어떤 말로 위로해야 할지 정확하게 알지 못해요. 챗GPT는 말을 알

비가 와서 울적한 건 알겠는데
사실 비가 오는데 왜 기분이 안 좋은지 정확히는 모르겠어.

아듣고 반응하는 것이지, 감정을 느끼거나 이해하는 것이 아니에요. 그래서 챗GPT는 감정적인 대화를 어려워합니다. 정말 마음이 힘들고 위로받고 싶다면 가족이나 친구에게 얘기하거나 전문 심리 상담가와 의논하는 것이 좋습니다.

● **과거에 머무르는 챗GPT**

챗GPT의 최신 버전의 데이터는 2021년 9월까지입니다 (2023년 7월 기준). 이 의미는 2021년 이후의 정보나 사건들을 모르거나 이해하지 못한다는 것입니다. 우리처럼 새로운 경험을 하거나 최근 정보를 습득하지 않고, 과거에 학습한 데이터를 바탕으로만 대화를 만들어냅니다. 따라서 챗GPT는 최신 만화나 영화, 사건 등을 모를 가능성이 큽니다.

  2022년의 베이징 동계 올림픽 결과를 물어보면 챗GPT는 2021년 9월 이후의 정보를 제공할 수 없다고 답하며, 뉴스나 다른 웹사이트를 찾아볼 것을 권장합니다. 최신 정보가 필요할 때는 신뢰할 수 있는 다른 출처를 참고하는 것이 좋아요.

나는 2021년 멈춰 있지만

그동안 내가 공부한 양이
어마어마해서
다 대답할 수 있어.

올바른 질문 방법

질문하는 방법은 사실 복잡하지 않아요. 그냥 우리가 평소에 친구에게 질문하듯 자연스럽게 묻는 거죠. 제대로 답변을 듣기 위해서는 질문이 명확해야 합니다. 그래서 몇 가지 팁을 준비했어요.

● 자세하게 질문해 보기

막연하게 읽을 만한 책을 추천해 달라고 하면 너무 광범위해서 무슨 책을 좋아하는지 알 수가 없죠. 이럴 때는 "열 살 어린이가 읽기 좋은, 고양이가 주인공인 모험 책을 추천해줘"라고 구체적으로 물어보면, 찾고 있는 책을 더 잘 이해하고, 그에 맞는 답변을 줄 수 있을 거예요. 계절에 대해서 막연하게 묻지 말고, 한국의 사계절을 설명해 달라고 구체적으로 묻는다면 더 정확하게 답변해줄 거예요.

● **목표 설정하기**

질문의 목적이 무엇인지 명확하게 알려주면 목표에 근접한 답변을 들을 수 있어요. "과학 숙제를 도와줘!"라는 질문보다는 "과학 숙제를 하는데 물이 얼음이 되는 과학적 원리가 너무 어려워. 이해하기 쉽게 재미난 예시를 들어가며 설명해줘!"라고 요청하는 것이 좋아요. 예시가 구체적일수록 공부에 더 도움을 줄 거예요.

● **배경 정보를 제공하기**

질문의 맥락을 잘 이해하도록 대화하는 주제의 추가 정보를 주는 것도 도움이 됩니다. "어제 길에서 만난 노란 새가 무슨 종일까? 나는 한국에 살고 있어"라고 물어본다면, 챗GPT는 한국에 사는 작은 노란 새에 대해 빠르게 정리해서 찾고 있는 정보를 줄 거예요.

● **답변 형식 다양하게 요청하기**

챗GPT는 단순한 문답형뿐만 아니라, 다양한 형태로 답변할 수 있어요. 정보를 쉽게 이해하려면 어떤 형식으로 답변받고 싶은지 말해주는 게 좋아요.

| 목록으로 정리 |

여러 가지 정보를 쉽게 볼 수 있도록 목록으로 답변을 요청할 수 있어요. "나에게 한국의 전통 음식 다섯 가지를 목록으로 알려줘"라고 물어볼 수 있죠.

답변: "한국의 전통 음식으로는 1. 김치, 2. 불고기, 3. 비빔밥, 4. 떡볶이, 5. 삼겹살이 있어요."

| 단계별 설명 |

어떤 일을 순서대로 해야 할 때, 단계별로 설명을 요청할 수 있어요. "초콜릿케이크를 만드는 방법을 단계별로 알려줘"라고 요청하면 됩

니다.

답변: "초콜릿케이크를 만드는 방법은 1. 재료 준비, 2. 오븐 예열, 3. 반죽 만들기, 4. 케이크 굽기, 5. 식히고 장식하기입니다."

| 표로 비교 |

여러 가지 정보를 한눈에 비교하고 싶을 때, 표 형식으로 답변을 요청할 수 있어요. "태양계의 행성들 크기와 거리를 표로 비교해줘"라고 물어볼게요.

답변: "태양계 행성들을 표로 정리해볼게요."

행성	크기(지름)	태양과의 거리
수성	4,880km	약 57,910,000km
금성	12,104km	약 108,200,000km
…	…	…

| 자세한 설명 또는 요약 |

원하는 정보가 많을 때는 자세한 설명을, 간단하게 알고 싶을 때는 요약을 요청할 수 있어요. "프랑스 혁명에 대해 자세히 설명해줘" 또

는 "프랑스 혁명을 요약해줘"처럼 요청할 수 있죠.

답변(자세한 설명): "프랑스 혁명은 1789년에 시작되어 1799년에 끝났어요. 이 혁명은 프랑스 사회와 정치를 변화시켰는데……(이하 생략)"

답변(요약): "프랑스 혁명은 1789년부터 1799년까지 일어난 큰 변화로, 프랑스의 정치와 사회를 바꾸었어요."

| 예시로 설명 |

어려운 단어나 개념을 쉽게 이해할 수 있도록 일상생활에서 흔히 볼 수 있는 예시로 설명을 요청할 수 있어요. 예를 들어, "물체가 무거울수록 이동하기 어렵다는 걸 예시로 설명해줘"라고 물어볼 수 있어요.

답변: "상자를 생각해볼게요. 상자 안에 가벼운 물건들만 있으면, 상자를 들고 다니기 쉽죠. 하지만 상자 안에 돌이나 책 같은 무거운 물건들이 많으면, 상자를 들고 이동하는 게 정말 힘들어져요. 이렇게 무거운 물체는 이동하기가 더 어렵죠."

| 이야기 형식 |

어떤 주제나 사건을 이야기 형식으로 설명을 듣고 싶을 때 요청할 수 있어요. 예를 들어, "조선시대를 이야기 형식으로 설명해줘"라고 요청할 수 있어요.

답변: "옛날 옛적, 조선이라는 나라가 있었어요. 이 시대는 건국된 지 500년이 넘게 이어졌고, 많은 왕과 왕비, 장수들이 이 시대를 빛내줬죠."

| 물음-답변(Q&A) 형식 |

특정 주제에 관한 질문과 그에 대한 답변을 알고 싶을 때 이 형식을 요청할 수 있어요. "나무에 대한 주제를 물음-답변 형식으로 정보를 알려줘"라고 물어볼 수 있죠.

답변: "Q: 나무는 왜 중요한가요? A: 나무는 공기를 정화하고, 산소를 만들어줘요. 또 산림은 동식물들의 서식지로도 중요해요."

이런 다양한 형식으로 챗GPT에게 질문하면 더 풍부하고 쉽게 이해할 수 있는 답변을 얻을 수 있어요!

● **역할 부여하기**

챗GPT는 프로그램이기 때문에 사용자가 원하는 역할을 수행하도록 지시할 수 있어요. 챗GPT에게 "수학 선생님처럼 이 문제를 설명해주세요!"라고 말하면, 챗GPT는 수학 선생님처럼 행동하려고 할 것입니다. 이렇게 역할을 부여하면 챗GPT의 답변이 더 정확해질 거예요. 하지만 여기에도 한계가 있습니다. 의사나 변호사 등의 역할을 부탁해도 실제 전문가의 조언과 동일하지는 않습니다. 챗GPT는 훈련 데이터를 바탕으

로 답변을 만들 뿐 실제 전문가의 지식이나 경험이 없어요. 정말 중요한 의사 결정이나 전문적인 조언이 필요할 때는 실제 전문가를 찾아야 해요.

● **정보를 확인하며 질문하기**

챗GPT는 많은 정보를 갖고 있지만, 그 정보가 항상 정확하지는 않습니다. 가끔 챗GPT는 정답을 모를 때 능청스럽게 거짓말하며 잘못된 정보를 전하기도 합니다. 그래서 중요한 정

보를 얻을 때는 다른 출처에서도 반드시 확인하는 습관을 지녀야 해요.

● **예의 지키기**

챗GPT는 컴퓨터입니다. 그래서 우리가 불친절해도 불편하게 느끼거나 예의 없다고 생각하지는 않아요. 하지만 컴퓨터에도 예의를 지키는 습관을 지녀야 사람들 사이에서도 예의

있는 사람이 될 수 있어요. 챗GPT는 사람과 매우 유사하게 대화하기 때문에 인공지능에도 예의를 지키면, 다른 상대와 예의를 지키며 대화하는 방법도 배울 수 있게 됩니다. "야!" 대신 이름을 불러주고, 명령형 대신 다정한 말투로 예의를 지키는 습관을 들이는 건 어떨까요?

● 로딩 시간 기다리기

챗GPT에게 복잡한 질문을 한 번에 던지면, 답변을 생성하는 데 시간이 조금 더 필요할 수 있어요. 이때는 챗GPT가 답변을 생각하는 시간, 즉 로딩 시간이 필요해요. 로딩 시간이 길어져도 페이지를 새로고침하지 말고 잠시 기다려 주세요. 너무 많은 정보를 요청하면 답변이 더 오래 걸릴 수 있으니, 필요한 정보만 간결하게 질문하는 것도 로딩 시간을 줄이는 데 도움이 됩니다.

챗GPT를 안전하게 사용하기

인터넷은 넓고 멋진 세상이지만 항상 안전하지는 않아요. 그래서 온라인에서의 행동, 특히 인공지능과 대화에서도 안전을 생각해야 합니다. 챗GPT는 친구처럼 대화하지만 컴퓨터 프로그램이기 때문에 개인 정보를 잘 보호하는 것이 중요합니다.

● **나의 개인 정보는 내가 지킨다!**

개인 정보는 자기만의 보물입니다. 그래서 이 보물을 잘 지키는 것은 그 무엇보다 중요합니다. 이름이나 나이, 학교 이름, 집 주소, 전화번호 같은 개인 정보는 절대 발설하지 않도록 합니다. 챗GPT와 대화할 때도 마찬가지입니다. 챗GPT는 개인 정보를 알 필요가 없습니다. 만약 챗GPT가 개인 정보를 묻는다면, '그런 것은 말하지 않을래요'라고 대답하세요.

● **부적절한 대화는 신속히 마무리한다**

인터넷 세상에서는 가끔 예상치 못한 일들이 일어날 수 있어요. 이런 일은 챗GPT와 대화하는 동안에도 발생할 수 있습니다. 챗GPT는 인터넷으로 공부했기 때문에 일부 부적절한 언어를 습득합니다. 그래서 부적절한 언어를 사용할 수 있어

챗GPT는 프로그램이기 때문에 개인정보 보호에 각별히 주의해야 한다.

요. 부적절한 대화는 다양한 형태로 나타날 수 있으니 몇 가지 예시를 보여줄게요.

    a. **개인정보 요청 |** 집 주소나 전화번호 및 개인 정보를 묻는 대화는 적절하지 않습니다.

    b. **불편한 질문 |** "가족 관계가 어떻게 되나요?", "당신이 제일 좋아하는 친구는 누구인가요?"와 같은 개인의 사생활 관련된 불편한 질문도 부적절한 대화에 해당합니다.

    c. **불쾌한 농담 |** 가끔 챗GPT가 상황에 어울리지 않는 불쾌한 농담을 할 수 있습니다. 누군가를 놀리거나 조롱, 희롱하는 농담은 적절하지 않아요.

만약 챗GPT가 저런 류의 대화를 한다면, 부모님, 선생님 등 어른에게 보여주고 어떻게 대처할지 물어보는 것이 가장 좋아요. 진행 중인 대화가 부적절할 때는 그 대화를 바로 끝내는 것도 좋습니다. "이런 대화는 적절하지 않아요. 다른 주제로 바꿔요"라고 말하면 됩니다.

무료 vs 유료 챗GPT

챗GPT Plus는 챗GPT의 유료 버전으로, 기존의 무료 버전보다 더 많은 기능과 성능이 강화됐다. 챗GPT Plus 사용자는 메인 화면에서 'Upgrade to Plus' 버튼을 클릭하여 서비스를 구독할 수 있으며, 가격은 매달 20달러다. 챗GPT Plus 구독자는 시간당 이용 제한이 없어지고 처리 속도도 빠르다. 특히 무료 버전보다 더 빠른 GPT-3와 더 똑똑한 GPT-4도 사용할 수 있다.

GPT-4와 GPT-3는 일상 대화에서 성능 차이는 거의 없지만, 복잡한 작업, 전문성, 창의력, 추론 능력 등이 중요한 분야에서 GPT-3보다 훨씬 뛰어난 성능을 보인다. 예를 들어 GPT-4는 미국 변호사 시험에서 상위 10%에 드는 점수를 받을 정도로 높은 수준의 성능을 발휘했다. GPT-4는 한 번에 처리할 수 있는 단어 양이 GPT-3에 비해 약 8배 증가했다. 이는 더 긴 문장과 내용을 처리하는데 GPT-4가 더 효과적이라는 것을 의미한다. 그렇지만 GPT-4는 이용 제한이 있고, 답변 역시 정확하지 않을 수 있다. 사용자들은 이를 염두에 두고, 신중하게 활용하는 것이 중요할 것이다.

2장

상상의 나래를 펼쳐봐!

동화 속 주인공과의 대화

챗GPT와 함께 창의적인 활동을 해볼까요? 좋아하는 동화 속 주인공과 대화를 상상해 보는 거예요. 이런 방식의 대화는 창의력을 높일 뿐 아니라 좋아하는 이야기를 이해하는 데 도움을 주죠. 좋아하는 캐릭터와 실제 대화하는 기분도 느낄 수 있어요. 영원히 어른이 되지 않는 소년, 피터팬이 되어 달라고 챗GPT에게 요청했어요.

🐰 : 너가 피터팬이라고 상상하고 내 질문에 답해줘. 피터팬, 네버랜드에서 가장 좋아하는 장소는 어디야?

🥕 : 응, 나는 피터팬이야. 내가 가장 좋아하는 장소는 네버랜드 해적선이 보이는 절벽이야. 그곳에서는 멀리 해적선을 볼 수 있어서 해적들을 감시할 수 있거든.

🐰 : 근데 피터팬, 왜 후크 선장과 계속 싸우는 거야?

🥕 : 후크 선장은 네버랜드의 평화를 깨뜨리는 사람이야. 네버랜드와 여기 사는 모든 친구들을 지키기 위해서는 싸울 수밖에 없어.

피터팬과 좀 더 친해진 기분이 들지 않나요? 이렇게 챗GPT를 통해 피터팬의 생각이나 감정을 들어보면서 동화 속 세계를 더욱 생생하게 느낄 수 있어요. 다음은 디즈니 〈겨울왕국〉 시리즈에서 마법으로 만들어진 사랑스럽고 유쾌한 눈사람 올라프와 대화해볼게요.

🐰 : 이제 네가 〈겨울왕국〉의 눈사람 올라프라고 생각하고 답변해줄 수 있어? 올라프, 너는 봄이 오면 어떤 느낌이야?

🥕 : 봄이 오면 제가 녹을까 봐 조금 무섭지만, 봄이라는 계절이 얼마나 아름다운지 궁금해요. 꽃들이 피고, 동물 친구들이 나와서 노는 모습을 상상하

면 기쁘답니다!

 : 올라프, 네가 좋아하는 노래는 뭐야?

🥕 : 저는 〈겨울왕국〉에서 〈In Summer〉라는 노래를 가장 좋아해요. 그 노래를 들으면 여름의 모습을 생생하게 상상할 수 있거든요!

이런 식으로 우리는 좋아하는 동화나 이야기를 그 속의 캐릭터와의 대화를 통해 더욱 생생하게 상상해볼 수 있습니다.

상상의 나래를 새로운 차원으로 끌고 가거나,
아직 탐험하지 않은 창의력의 세계로 이끌어줄 수 있어.

이야기 만들기

챗GPT와 함께 이야기도 만들 수 있어요. 원하는 주제나 캐릭터를 정하고, 그 시작 부분을 말해보세요. 그럼 챗GPT가 그 이야기를 이어나갈 거예요. 가장 먼저 떠오르는 동물로 이야기를 만들어볼까요? 고양이를 좋아하면, 고양이로 시작해도 좋아요. 고양이가 주인공인 판타지 모험 이야기를 써보고 싶네요. "귀여운 고양이 코코가 마법의 돌을 발견했다"라고 말해봤어요. 그럼 챗GPT는 어떻게 이어갈까요?

어느 날 귀여운 고양이 코코는 자기가 살고 있는 작은 마을에서 빛나는 돌을 발견했어요. 그런데 이 돌은 평범한 돌이 아니었죠. 이 돌을 들고 있을 때만 코코는 사람들이 하는 말을 알아들을 수 있어요. 코코는 이 돌의 힘으로 동물들과 사람들 사이의 문제를 해결해 나가기 시작했죠.

그런데 마을에 큰 위협이 닥쳤어요. 엄청 커다란 쥐가 마을 곡물 창고를 공격한 거예요. 하지만 코코는 겁먹지 않았어요. 그는 마법의 돌을 이용해 거대한 쥐와 대화를 시도했어요. 거대한 쥐가 왜 곡물 창고를 공격하고 있는지, 그리고 어떻게 하면 마을의 사람들과 거대한 쥐가 평화롭게 지낼 수 있을지 찾아보기로 한 거죠.

이처럼 챗GPT는 우리가 시작한 이야기를 재미있게 이어갈 수 있어요. 이야기를 만들면서 상상력과 창의력, 그리고 이야기 속 캐릭터들의 감정이나 생각을 이해하는 능력도 함께 키울 수 있을 거예요.

내가 만든 캐릭터와 대화하기

　유명한 캐릭터들뿐 아니라, 직접 만든 상상 속 캐릭터와도 대화할 수 있어요. 앞서 '이야기 만들기'에서 우리가 만든 고양이 코코랑 이야기를 나눠볼까요? 직접 만든 이야기 속 고양이와 대화할 수 있어요.

🐰 : 챗GPT, 우리가 만든 이야기 속 귀여운 고양이 코코라고 상상하고 내 질문에 답해줄래?

🐱 : 네 그렇게 할게요. 저를 코코라고 상상하며 질문해 주세요!

🐰 : 코코, 빛나는 돌을 처음 발견했을 때 어땠어?

🐷 : 그 돌을 처음 봤을 때 정말 놀랐어요. 색깔이 너무 예뻤거든요. 그 돌을 들여다보니, 갑자기 사람들 얘기를 이해하게 됐어요.

🐰 : 코코, 사람들의 언어를 이해하게 된 후로 가장 행복했던 순간은 언제야?

🐷 : 사람들이 나를 얼마나 사랑하는지 알게 됐을 때요. 맛있는 음식을 준비해주고, 함께 놀아주고, 따뜻하게 안아주죠. 나도 그들을 정말 사랑해요.

🐰 : 코코, 거대 쥐에게 처음 무슨 말을 했어?

🐷 : 왜 마을의 곡물 창고를 공격하는지 물었어요. 그런데 그 쥐는 그냥 배가 고프다고 대답했어요. 그래서 저는 더 좋은 해결책을 찾아보자고 했죠.

🐰 : 그랬더니 거대 쥐가 뭐래?

🐷 : 처음에는 제 말을 이해하지 못하는 것 같았어요. 다시 말해도 쥐는 제 제안을 받아들이지 않았어요. 그래서 다른 방법을 생각해야 했어요.

이렇게 상상 속에만 존재하던 캐릭터들과 대화를 해보는 경험을 하며 우리가 상상하던 이야기를 풍부하고 생동감 있게 만들 수 있어요.

미래의 세계를 상상하여 이야기하기

미래가 궁금한 적이 있나요? 챗GPT에게 미래에 관한 질문을 던지고, 그 답변을 바탕으로 미래를 생각해보고 토론할 수 있어요. 예시를 볼까요?

🐰 : 2110년 사람들은 어떤 옷을 입고 다닐까?

🌱 : 미래의 옷은 지금과는 다르게 과학 기술을 많이 활용할 거라고 생각해요. 자기 체온에 맞게 온도를 조절하거나, 비가 오면 자동으로 방수가 되는 옷 같은 것들도 생길 수도 있겠죠.

🐰 : 그럼 더 이상 따뜻한 옷을 따로 입을 필요가 없을까? 그런 옷은 누구나

입고 다닐 수 있을까?

🐰 : 자체 온도 조절이 가능한 옷이 있다면 따뜻한 옷을 따로 입을 필요는 없겠지만, 그 옷의 가격이나 접근성에 따라서 모든 사람이 입을 수 있을지는 모르겠네요.

🐰 : 미래의 학교는 어떻게 변할까?

🐰 : 미래의 학교는 가상 현실을 많이 활용할 것 같아요. 학생들이 직접 체험하며 배울 수 있는 기회가 많아질 거예요.

🐰 : 그럼 미래의 학교에서는 책이 없어질까? 가상 현실로 모든 것을 배우는 거야?

🐰 : 가상 현실은 새로운 차원의 학습을 제공할 수 있지만, 책이나 다른 학습 자료도 여전히 중요할 것입니다. 가상 현실과 책, 그 둘 사이에 균형이 필요하겠죠.

질문에 질문을 이어가며 미래에 대한 궁금증을 해결하고, 우리의 상상력을 키워볼 수 있어요.

3장

챗GPT와 공부하기

수학

| 숫자의 마법 | 숫자의 덧셈, 뺄셈, 곱셈, 나눗셈 연습

수학은 머리 아픈 과목으로 생각할 수 있어요. 하지만 일상생활에서 필수적인 요소입니다. 그리고 숫자는 수학의 핵심이죠. 이제부터 챗GPT와 숫자와 수학의 흥미로운 세계를 배워봅시다.

챗GPT는 계산기가 될 수도 있고, 친절한 수학 선생님이 될 수도 있어요. 더하기, 빼기, 곱하기, 나누기와 같은 기본적인 연산부터 복잡한 서술형 문제까지 도움을 받을 수 있죠. 우선

간단한 연산 문제부터 물어볼까요?

🐰 : 315에서 198을 빼면 얼마인가요?
🌼 : 315에서 198을 빼면 117이 됩니다.

이렇게 챗GPT는 계산기처럼 빠르게 연산 문제를 해결하죠. 이런 기초적인 연산뿐만 아니라 복잡한 문제도 도움을 줍니다. 계산기엔 서술형 문제를 기재할 수 없어 곤란한 적이 있죠. 그럴 땐 계산기보다 유능한 챗GPT에 도움을 청하면 됩니다.

🐰 : 빵을 3개씩 먹는 5명의 친구가 모두 빵을 몇 개 먹을까요?
🌼 : 곱셈의 원리를 사용하여, 3개씩 먹는 5명의 친구가 모두 빵을 먹으면, 3곱하기 5, 총 15개의 빵이 됩니다.

수학 개념도 챗GPT에게 물어보면 돼요. 왜 숫자를 0으로 나눌 수 없는지 궁금하지 않나요? 이렇게 사소한 궁금증이 생겼을 땐 고민하지 말고 물어보세요.

🐰 : 왜 0으로 숫자를 나누는 것은 안 되는 건가요?

🌀 : 0으로 나누는 것은 마치 사과를 0명의 친구와 나눠 먹는 것과 같습니다. 친구가 없다면, 사과를 나눌 수 없기 때문에 0으로 나누는 것은 정의되지 않습니다.

질문을 받은 챗GPT는 재미난 예시와 설명으로 우리의 호기심을 해결해 줄 것입니다. 만약 이해가 안 될 땐, "좀 더 쉽

어렵거나 지루하게만 느껴졌던 연산 문제부터
서술형 수학 문제까지 함께 해결해 보자.

게 설명해 주세요"라고 말하면 우리가 이해가 될 때까지 설명해 줄 거예요. 이처럼 챗GPT 계산기보다 다양한 유형의 연산 문제들도 풀이해 줍니다. 주저하지 말고 언제든지 질문해 보세요.

| 도형의 숨겨진 비밀 | 도형 그리기와 알아보기

우리 주변에는 다양한 도형들이 있습니다. 창문은 사각형, 시계는 원, 삼각형 모양의 피자 조각, 이 모든 것이 우리 생활 속 도형입니다. 도형은 수학에서 중요한 역할을 합니다.

🐰 : 원에 대해서 설명해 주세요.

🌸 : 원은 모든 점이 중심에서 동일한 거리에 있는 평면 도형입니다. 컵을 바라보면, 바닥이 원 모양인 것을 볼 수 있습니다.

🐰 : 정사각형과 직사각형의 차이점은 뭐예요?

🌸 : 정사각형과 직사각형은 모두 네 개의 변이 있지만, 정사각형은 모든 변의 길이가 같고 모든 각도가 90도입니다. 반면 직사각형은 네 개의 각도

는 모두 90도이지만 변의 길이는 두 쌍만 같습니다. 하나의 쌍은 다른 쌍보다 길거나 짧을 수 있죠. 노트북은 직사각형 모양이고, 종이접기 색종이는 정사각형이에요.

도형에 관한 서술형 문제도 해결할 수 있습니다.

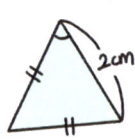 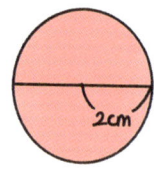 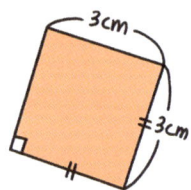

 : 길이가 3cm인 정사각형의 넓이는 얼마일까요?

 : 길이가 3cm인 정사각형의 넓이는 3cm × 3cm = 9cm² 입니다.

도형 그리는 법도 도울 수 있어요.

 : 챗GPT, 육각형을 어떻게 그려야 하나요?

 : 육각형을 그리기는 쉬워요. 먼저 원을 그려봅시다. 그다음에 원 가장자리에 6개의 점을 동일한 간격으로 찍어주세요. 그 점들을 직선으로 이어서 보면 육각형이 완성됩니다!

🐰 : 하트를 그리는 법도 알려주세요!

🐣 : 연필을 종이 위에 올려놓고, 큰 V자 모양을 그리세요. V의 상단 양 끝 점에서부터 아래로 조금씩 원을 그리듯이 내려가세요. 그러면 V의 각 끝이 서서히 둥그렇게 변하는 것을 볼 수 있을 거예요. 두 둥근 선이 V 아랫부분에서 만나도록 그리세요. 그럼 하트 모양이 완성될 거예요. 마지막으로 하트를 원하는 색깔로 채워 넣으면 완성입니다.

챗GPT는 그림을 직접 보여주지는 못하지만, 이렇게 그림을 그리는 것을 도울 만한 설명을 해주죠. 설명대로 직접 그려보면 도형의 기본 구조와 모양을 이해할 수 있어요.

| 실패에서 배우기 |
틀린 문제를 바탕으로 같은 유형의 문제 연습하기

비슷한 유형의 문제만 반복적으로 틀린 경험이 있나요? 비슷한 문제를 틀리는 건 연습이 부족하거나 개념을 확실하게 이해하지 못해서일 수도 있습니다. 이럴 때 우리가 틀린 문제의 유형을 소개한 후, 비슷한 문제를 출제해 달라고 부탁할 수 있어요. 개념을 완벽히 이해하도록 개념 설명을 해주고, 반복 학습을 통해 실수도 줄일 수 있죠.

'$\frac{4}{5} + \frac{2}{3}$ = ?'이라는 분수 더하기 문제를 잘못 풀었어요. 어떻게 해야 할까요?

🐰 : 분수 더하기 문제를 몇 개 보여주세요

🌱 : 네, 분수 더하기 문제를 준비했어요. '$\frac{3}{7} + \frac{1}{2}$ = ?' 이 문제를 풀어봐요.

🐰 : 음, 이 문제는 어렵네요……. 이 문제의 해답을 알려주세요.

🌱 : $\frac{3}{7} + \frac{1}{2} = \frac{13}{14}$입니다. 분수를 더할 때는 분모를 맞춰주는 것이 중요해요. 7과 2의 공배수인 14를 분모로 만들면, $\frac{3}{7}$은 $\frac{6}{14}$이 되고, $\frac{1}{2}$은 $\frac{7}{14}$이 됩니다. 그리고 이 둘을 더하면 $\frac{13}{14}$이 나와요. 좀 더 확실하게 더 많은 문제를 풀어보는 것도 좋아요.

🐰 : 분수 더하기 문제를 조금 더 보여주세요!

이런 식으로 비슷한 유형의 문제를 반복해서 풀어보면, 어려웠던 분수 문제도 해결할 수 있어요. 챗GPT를 나만의 맞춤형 문제집으로 사용해 보세요.

| 측정과 데이터의 세계 |
시계 읽기, 달력 사용법, 기본적인 그래프 이해하기

시간과 데이터는 우리 생활의 핵심 요소입니다. 이 기초를 단단히 하면 세상을 더 잘 이해할 수 있어요. 챗GPT가 시간과 데이터를 이해하는 데 효과적인 도구가 될 거예요.

● **시계 읽기**

이해하기 어려운 시계의 바늘들, 하지만 챗GPT가 도와준다면 쉽게 이해할 수 있어요.

🐰 : 시계를 보고 있는데, 큰 바늘이 12에, 작은 바늘이 3에 있다면 지금은 몇 시인가요?

🌼 : 그 시계를 봤을 때, 큰 바늘이 12에 있다는 것은 분이 0분이라는 것이고, 작은 바늘이 3에 있다는 것은 시간이 3시라는 것입니다. 그래서 지금 시간은 3시입니다!

● **시간 계산하기**

시간은 계산하기 복잡할 수 있어요. 몇 시간 뒤는 언제인지, 혹은 몇 분 전은 언제인지 계산하는 것은 머리 아프죠.

🐰 : 지금 3시 15분인데 45분 뒤면 몇 시인가요?
🌼 : 45분을 더하면 4시입니다!

● **그래프 이해하기**

그래프는 복잡한 데이터를 시각적으로 표현하는 데 매우 유용한 도구입니다. 챗GPT는 그래프를 이해하고 해석하는 데 도움을 줄 수 있어요.

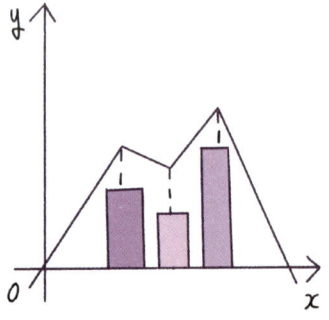

🐰 : 월요일부터 금요일까지 매일 기분을 그래프로 그려본다면 어떻게 될까요?

🌱 : 그러면 우리는 '시간'을 x축에, '기분'을 y축에 표시할 수 있어요. 월요일부터 금요일까지 각각 어떤 기분이었는지를 점으로 표시한 후, 점들을 연결하면 그래프가 완성될 거예요. 이 그래프를 통해 한 주 동안 어느 날 기분이 좋았는지, 어느 날은 그다지 좋지 않았는지를 한눈에 볼 수 있어요.

챗GPT는 그래프를 시각적으로 보여주는 기능이 없어요. 그래서 그래프의 모습을 설명하는 것은 말로만 가능합니다. 그래도 그래프에 대한 이해를 높이는 데는 충분히 도움이 될 거예요.

| 돈의 대가 | 돈 계산 연습으로 소비와 절약 알아보기

우리는 돈으로 무언가를 사고, 저축도 하고, 아끼는 습관도 키울 수 있어요. 돈 계산을 연습하는 것은 수학 능력도

키워주지만 일상생활에서도 꼭 필요한 훈련이죠. 소비와 절약의 개념부터 당장 내 주머니에 얼마가 있는지 알아봅시다.

🐰 : 지금 가지고 있는 지폐가 5만 원 2장, 만 원 3장, 그리고 천 원 5장이에요. 그럼 가지고 있는 돈은 총 얼마일까요?

🌸 : 5만 원 지폐 2장은 100,000원이고, 만 원 지폐가 3장은 30,000원이에요. 그리고 천 원 지폐가 5장이면 5,000원입니다. 이걸 다 합치면 100,000원 + 30,000원 + 5,000원 = 135,000원이 됩니다. 가지고 있는 돈은 총 135,000원입니다.

근데 아무 생각 없이 돈을 펑펑 쓰다 보니 결국 주머니에 500원밖에 남지 않았네요. 이럴 때 챗GPT에게 저축 팁을 의논해 볼까요?

🐰 : 지금 주머니에는 500원이 있어요. 이 돈으로 사탕을 살 수 있을까요? 사탕 하나가 100원이라면 몇 개를 살 수 있을까요?"

🌸 : 주머니에 있는 돈이 500원이고, 사탕 하나가 100원이라면, 총 5개

의 사탕을 살 수 있겠네요. 하지만 모든 돈을 쓰지 않고 일부를 절약하는 것도 생각해 볼 만한 선택입니다. 500원 중 300원만 사용해서 3개의 사탕을 사고, 200원은 저축해 보는 건 어떨까요?

🐰 : 저축하면 어떤 점이 좋을까요?

🌱 : 저축은 미래에 더 큰 소비를 위해 돈을 모아두는 것입니다. 200원을 저축하면 나중에 더 비싼 것을 사거나, 급한 경우에 사용할 수 있어요. 더 맛있는 사탕이 나오거나, 친구의 생일 선물을 사야 할 때 쓸 수 있겠죠.

🐰 : 그렇군요. 그럼 매일 100원씩 저축한다면 한 달 후에 얼마를 모을 수 있을까요?

🌱 : 매일 100원씩 저축하면 하루에 100원, 일주일에는 700원, 그리고 한 달이면 대략 3,000원 정도를 모을 수 있겠네요. 적은 금액이라도 꾸준히 모으면 큰돈을 모을 수 있어요.

돈에 대한 감각을 키우고, 소비와 절약의 중요성을 이해할 수 있게 됩니다. 실생활에서 자주 마주치는 이런 문제를 해결하는 능력을 배워봐요.

┃챗GPT와 함께하는 재미있는 수학 게임┃

🐰 : 재미있는 수학 게임을 하나 추천해 주세요.

🌱 : '누가 먼저 21?'이라는 게임을 추천할게요. 이 게임의 규칙은 아래와 같습니다.

① 참여자들은 순서대로 숫자를 말합니다. 시작은 1부터입니다.

② 차례가 돌아온 사람은 자신의 차례에서 +1, +2 또는 +3을 선택해서 숫자를 말할 수 있습니다.

③ 이렇게 계속해서 숫자를 말하다가 먼저 21을 말한 사람이 게임에서 이기게 됩니다.

예를 들어, 17을 먼저 말하면 다음 차례에서 상대방이 18, 19, 20 중 하나를 말하더라도 결과적으로 내가 21을 말하게 돼 게임에 이길 수밖에 없어요. 어떤 숫자를 말하느냐가 결과에 결정적인 영향을 미칩니다.

 : 다른 게임도 알려주세요.

 : 이번에는 '숫자를 맞춰봐!' 게임을 해볼까요? 이 게임의 규칙은 다음과

같아요. 제가 1에서 1000 사이의 숫자 하나를 생각하면, 여러분은 그 숫자가 무엇인지 추리하며 질문을 던져보세요. 저는 여러분의 질문에 '너무 높아', '너무 낮아', '맞아!'라고 대답할 거예요. 대신 20번의 기회만 주어집니다!

🐰 : 그럼 시작해 봐요! 500은 어때요?

🌸 : 너무 낮아요. 다시 추리해 보세요!

🐰 : 그럼 750은 어떤가요?

🌸 : 너무 높아요. 조금 더 낮은 숫자를 생각해 보세요!

🐰 : 600은 어떤가요?

🌸 : 너무 낮아요. 조금 더 높은 숫자를 생각해 보세요!

🐰 : 그럼 725?

🌸 : 너무 높아요. 조금 더 낮은 숫자를 생각해 보세요!

🐰 : 그럼 710은 어떤가요?

🌸 : 맞아요! 제가 생각한 숫자는 바로 710이었어요.

챗GPT뿐만 아니라 다른 친구들과도 게임을 해볼 수 있겠죠? 단순한 숫자 게임 말고도 다양한 게임을 만들 수 있어요. 다양한 게임과 수학 퀴즈를 풀면서 수학적 사고력을 키워보세요.

영어

| 스피킹 | 간단한 영어 표현과 일상 대화 연습

세상은 점점 더 글로벌화되고 있습니다. 다른 언어를 이해하고 표현할 수 있는 능력은 매우 중요하죠. 특히 영어는 전 세계적으로 널리 사용하는 언어예요. 챗GPT는 개인 영어 교사와 번역기 역할도 할 수 있어요. 잘 이용한다면 영어를 더욱 효과적으로 공부할 수 있게 되죠. 선생님에게 보낼 메일이나 친구와의 대화 등 각기 다른 상황에서 어떤 영어 표현을 사용해야 하는지도 배울 수 있어요.

● 개인 번역기 챗GPT

선생님에게 보낼 메일이 있을 때 :

🐰 : 선생님에게 보낼 메일인데 '과제를 내일까지 제출할 수 있을까요?'를 어떻게 영어로 쓰나요?

🌱 : 그 문장은 영어로 'May I submit the assignment by tomorrow?'로 쓸 수 있어요."

친구와 즐겁게 대화하며 쓸 만한 표현 :

🐰 : 친구에게 보낼 메시지인데 '오늘 저녁에 뭐 먹을까?'를 영어로 어떻게 써야 할까요?"

🌱 : 'What should we grab for dinner tonight?'라고 쓸 수 있어요.

한국어에 존댓말과 반말이 있듯이, 영어도 마찬가지입니다.

우리가 쓰는 다른 번역기들은 상황에 맞는 문장까지는 알지 못해요. 예의를 갖춰 쓰고 싶을 때, 친근하게 보내고 싶을 때, 혹은 분노 같은 다양한 감정을 표현하고 싶을 때 등 상황에 따라 사용할 문장은 크게 달라지겠죠. 챗GPT와 상황에 따라 달라지는 영어 문장 구조들을 익혀볼까요?

● 일상 대화 연습하기

일상 대화는 언어 학습에서 매우 중요해요. 특히 우리가 새로운 표현을 배우고 연습하는 데 도움이 됩니다. 영어는 많이 말해보고 대화할수록 실력이 향상되기 때문에, 외국인 친구와 대화를 많이 하면 좋겠죠. 하지만 우리 모두에게 편하게 말을 걸 수 있는 외국인 친구가 있는 건 아니잖아요. 그럴 땐 챗GPT를 외국인 친구라고 상상하며 대화를 나눠보세요. 실제 사람이 아닌 AI이니 문법이 틀리거나 스펠링 실수를 해도 부끄러울 일이 없어요!

🐰 : I want to practice English conversation. Can you help

me?

🌼: Of course! I'm here to help you improve your English conversation skills. How was your day?

🐰: It was pretty good. I just finished my homework. How about you?

🌼: As an AI, I don't have days or do homework, but I'm glad to hear you had a good day. What's your favorite subject?

챗GPT는 지금부터 나의 외국인 친구! 영어 울렁증은 사라질 거야.

이렇게 챗GPT와 일상적인 대화를 하며 자연스럽게 영어 표현을 연습해보세요. 챗GPT와 함께 대화를 나누다보면 영어 울렁증도 극복하고, 자신감도 생길 거예요!

|독해| 이야기 읽고 질문 답하기

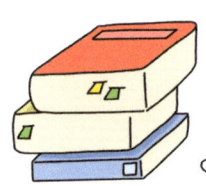

대화 연습을 충분히 했다면 이젠 읽기 연습도 해볼까요? 영어 읽기 실력을 향상시키는 데 가장 효과적인 방법은 영어로 된 이야기를 차근차근 읽고, 내가 이해한 것을 확인할 수 있는 질문에 답해보는 거예요. 이렇게 영어의 문맥과 구조를 이해하고, 새로운 단어를 배우게 되죠. 흥미로운 이야기들을 나누며 재미있게 학습할 수 있어요.

🐰 : 간단한 영어 이야기를 들려주고 이에 대해 몇 가지 질문을 해줄 수 있을까요?

🌱 : 그럼요. 다음은 'The Little Rabbit and the Turtle'라는 간단

한 이야기입니다. Once upon a time, the Little Rabbit and the Turtle decided to have a race. The Rabbit, being speedy, was sure of his victory, so he decided to take a quick nap during the race.

🌱 : 이제 이야기에 대한 이해도를 확인해볼게요. 토끼는 왜 경주 도중에 잠시 쉬었을까요?

🐰 : 토끼는 자신이 빠르다는 것을 알고 있어서, 경주 중간에 잠시 쉬기로 했어요.

🌱 : 정확해요! 잘했어요.

| 영어 쓰기 | 내 생각과 감정 표현하기

● 스펠링 오류 수정하기

우리가 작성한 영어 문장의 오류를 발견하고 수정하는 건 매우 중요합니다. 같은 문장이라도 사소한 실수 때문에 그 의미가 완전히 달라질 수 있거든요. 직접 쓰고 확인했더라도 좀 더 확실하게 챗GPT의 도움을 받아보세요. 작성한 글을 챗

GPT에게 보내 첨삭을 요청하면, 스펠링부터 문법, 심지어 표현의 적절성까지도 확인해 줍니다.

 : 안녕하세요! 바다여행을 다녀온 소감을 적어봤어요. 스펠링을 확인해 주세요.

 : 물론이죠, 글을 보여주세요.

 : I wnet to the becah and saw a dlophin.

 : 잘 작성했지만 몇 군데 스펠링 오류가 있네요. 올바른 문장은 이렇습니다. 'I went to the beach and saw a dolphin.'

● **문법 오류 수정하기**

올바른 문법은 우리의 생각을 정확하게 표현하는 데 중요합니다. 문법 오류는 우리가 전하고자 했던 메시지를 모호하게 할 수 있으니, 작성한 문장의 문법을 잘 확인하는 것이 중요합니다.

 : 제 하루를 다루는 이야기를 작성했어요. 문법을 확인해 줄 수 있을까요?

: 물론이죠! 작성한 이야기를 보여주세요.

 : Yesterday, I eats pizza and plays games.

 : 즐거운 하루였네요! 하지만 문법이 조금 틀렸어요. 'eats'와 'plays' 대신에 'ate'와 'played'를 사용해야 해요. 왜냐하면, 'Yesterday'라는 과거 시점을 나타내는 단어가 문장에 있기 때문이죠. 따라서 올바른 문장은 'Yesterday, I ate pizza and played games'입니다.

● **상황에 맞지 않는 문장 수정하기**

언어는 상황에 따라 적절한 톤으로 사용해야 합니다. 선생님에게 보내는 편지와 친구와의 대화에서는 언어의 톤이 다르기 때문에, 이를 잘 구분하는 것이 중요합니다.

 : 선생님께 보낼 편지를 썼는데 확인해 주세요!

 : 그럼요! 도와드리겠습니다. 편지를 보여주세요.

 : Hi teacher, what's up? I finish my homework.

 : 시작이 좋네요, 하지만 선생님께 보내는 편지이니 조금 더 예의 바른 표현을 사용하는 것이 좋을 것 같아요. 'Dear Teacher, I hope this message finds you well. I have completed my homework.'

실제로 이런 식의 대화를 하려면, 첫 대화를 시작할 때 "챗GPT, 내가 쓴 이 글을 확인해줄래요?"라고 요청하면 됩니다. 챗GPT가 글을 첨삭하고, 그 부분이 왜 틀렸는지 설명해 줘요.

대화부터 문법, 스펠링 체크까지

정말 좋은 영어 선생님이 될 수 있어.

| 발음 | 단어와 문장의 발음 차이 이해하기

영어를 배울 때 발음을 정확히 배우는 것도 중요합니다. 아무리 문법이 완벽하더라도 발음이 엉망진창이라면 누구도 알아들을 수 없게 됩니다. 영어 발음을 이해하고 연습하는 것은 우리가 영어를 더 자연스럽고 정확하게 말하는 데 도움이 될 거예요. 이번에는 단어와 문장의 발음 차이, 그리고 나라별 억양 차이까지 이해하고 연습해볼게요.

● **단어 발음 연습하기**

각각의 영어 단어는 모두 고유의 발음을 갖고 있어요. 일부 난어는 철자와 발음이 다르기도 해요. 이런 발음의 차이를 이해하는 것이 중요해요. 영어 단어의 발음이 헷갈릴 땐 챗GPT에게 알려달라고 하면 돼요.

🐰 : 'Though'이랑 'Through'의 발음 차이를 알려주세요!

🌱 : 'Though'는 '도우'라고 발음하고, 'Through'는 '쓰루'라고 발음

해요. 두 단어는 철자는 비슷하지만 발음은 확실히 다르죠.

● 문장 발음 연습하기

단어 하나하나를 올바르게 발음하는 것도 중요하지만, 문장 내에서 어떻게 단어들을 연결하고 발음하는지 이해하는 것도 중요해요

🐰 : 'I want to go to the store.'라는 문장을 어떻게 발음하나요?

🌱 : 'I want to go to the store.'는 '아이 원트 투 고 투 더 스토어'라고 발음해요. 특히 'want to'는 자연스럽게 말하면 'wanna'처럼 들릴 수 있어요.

🐰 : 그럼 'She has a beautiful dress.'라는 문장은 어떻게 발음하나요?

🌱 : 'She has a beautiful dress.'는 '쉬 핫 애 비유티풀 드레스'라고 발음해요. 'has a'는 빠르게 말하면 'haza'처럼 들릴 수 있어요.

● **영국식 발음과 미국식 발음의 차이 알아보기**

영어에는 다양한 방언과 발음이 있어요. 영국식 발음과 미국식 발음은 가장 대표적인 차이를 보이는 두 가지 스타일이에요. 이 둘의 차이를 익히는 건 쉽지 않죠. 궁금증이 생길 때 챗GPT에게 물어보면 두 억양의 차이를 확실히 알려줄 거예요!

🐰 : 'Tomato'라는 단어를 영국식 발음과 미국식 발음으로 어떻게 발음하나요?

🌱 : 영국식 발음에서는 'Tomato'를 '토마토'라고 발음하지만, 미국식 발음에서는 '토메이토'라고 발음해요.

🐰 : 그럼 'I can't sleep.'라는 문장은 어떤가요?

🌱 : 영국식 발음에서는 '아이 칸트 슬립'이라고 발음하며, 미국식 발음에서는 '아이 캔트 슬립'이라고 발음해요. 'Can't'의 발음에서 차이를 주의 깊게 들어보세요.

위와 같은 형식으로 대화하며 발음이 궁금한 단어나 문장을 대입하면서 계속 연습해보세요.

| 나만의 영어 사전 |

영어 책을 읽거나 영화를 보다 보면 문득 뜻을 모르는 단어나 표현이 있을 수 있어요. 그럴 땐 챗GPT를 영어 사전처럼 사용하며 어려웠던 표현을 이해하고, 후에 직접 그 단어나 표현을 사용하여 나만의 영어 문장을 작성해보는 연습을 할 수 있어요. 예시를 볼까요?

 : 'Curiosity'라는 단어의 뜻이 뭐에요?
 : 'Curiosity'는 호기심이라는 뜻이에요. 새로운 것을 알고 싶어하는 강한 욕구를 의미해요.
 : 그렇군요! 이렇게 문장에 사용해봤어요. I have a curiosity about space.
 : 잘했어요! '나는 우주에 대한 호기심이 있다'라는 뜻이에요.

이번에는 단어 말고 전체 문장의 의미에 대해 물어볼까요? 의미를 이해하고 자기만의 언어로 설명한 뒤, 더 긴 문장을 작성하는 연습을 해봐요.

🐰 : 챗GPT, 'The early bird catches the worm'이라는 문장이 무슨 뜻이죠?

🌱 : 이 문장은 '일찍 일어나는 새가 벌레를 잡는다'는 뜻으로, 일찍 일어나거나 일을 빨리 시작하는 사람이 성공한다는 뜻이에요.

🐰 : 그러니까 일찍 일어나서 노력하면 성공할 수 있다는 거군요. 그럼 'Even though it's a weekend, I'm an early bird because I want to finish my homework.' 이렇게 쓸 수 있을까요?

🌱 : 네, 맞아요! '주말이지만 나는 일찍 일어나서 숙제를 끝내려고 해. 왜냐하면 일찍 시작하면 성공할 수 있으니까'라는 뜻이에요. 잘 사용했어요!

궁금한 단어가 없을 때까지 챗GPT에게 마구 질문해요. 참을성이 매우 강한 친구라 호기심이 풀릴 때까지 옆에서 도와줄 거예요.

┃ 재미있는 영어 퀴즈로 영어 실력 쑥쑥 키우기 ┃

이제 앞서 배운 것들을 종합해 보고 재미있는 영어 퀴즈를 하면서 어휘력을 키워보세요. 퀴즈를 통해 단어를 이해하고, 어떤 상황에서 어떤 단어를 사용해야 하는지 더 잘 이해할 수 있습니다. 챗GPT와 영어 퀴즈를 하고 싶다면, "영어 퀴즈를 시작해요"라고 말하면 됩니다. 또 퀴즈의 난이도를 조절하고 싶다면 "쉬운 영어 퀴즈를 시작해주세요" 또는 "어려운 영어 퀴즈를 시작해주세요"라고 요청하세요.

● 챗GPT의 단어 퀴즈

 : 다음 단어의 뜻은 무엇일까요? Puppy!

 : 그건 강아지라는 뜻이에요.

 : 정답입니다!

● 챗GPT의 문장 뜻 퀴즈

 : 'He is as brave as a lion.'은 무슨 뜻일까요?

🐰 : 그는 사자처럼 용감하다는 뜻이 맞나요?

🌱 : 정답입니다!

● 챗GPT의 빈칸 채우기 퀴즈

🌱 : 다음의 빈칸을 채워주세요. 'An apple a _____ keeps the doctor away'.

🐰 : Week.

🌱 : 아쉽게도 틀렸어요. 정답은 'day'입니다. 'An apple a day keeps the doctor away.'는 '하루 사과 하나가 병원 가는 것을 멀리한다'는 뜻입니다.

퀴즈를 통해 새로운 단어와 표현을 배우고, 기존에 알고 있던 단어와 표현의 이해도를 높이는 데 도움이 됩니다. 답을 틀려도 괜찮아요. 틀리면서 배우는 거죠!

과학

| 살아있는 과학 수업 | 챗GPT와 주변의 과학 현상 탐색하기

과학적 호기심은 세상을 이해하고, 새로운 것을 배우고, 문제를 해결하는데 중요한 역할을 합니다. 우리 주변은 과학적 현상으로 가득해요. 과학적 호기심은 사소한 현상을 '왜?'라는 질문에서 시작하게 하죠. 왜 하늘은 파란색일까요? 왜 비가 내리는 걸까요? 왜 바람이 불까요? 이번에는 이렇게 챗GPT에게 과학적 질문을 던지고, 그에 대한 답을 찾아가는 과정을 소개합니다. 우리가 어느 날 얼음 틀에 물을 가득 넣어 냉동실에 넣었어요. 그러자 물이 얼면서 틀에서 넘치는 현상을 목격했어요. 물은 왜 얼면 부피가 커질까요? 이에 관해 토론하며 물과 부피에 대해 챗GPT와 알아볼게요.

🐰 : 왜 물은 얼면 부피가 커질까요?

🌸 : 대부분의 물질은 고체 상태가 되면 부피가 줄어들게 됩니다. 물이 얼었을 때 부피가 커지는 현상은 물의 독특한 성질 중 하나입니다. 그 이유는 물 분자가 얼음 결정 구조를 형성할 때 특별한 형태를 보이기 때문인데요, 이 패턴은 물 분자 사이에 공간을 만들어 부피를 늘리게 됩니다. 이 특성 때문에 얼음이 물 위에 뜨게 됩니다.

🐰 : 너무 어려워요……. 더 쉽게 설명해 줄 수 있을까요?

🌸 : 물론이죠! 상상해볼까요? 물이 얼어서 얼음이 되는 것을 생각 해보세요. 얼음은 그냥 아주 많은 물 분자들이 모여서 만든 것이에요. 근데 이 물 분자들이 얼음을 만들기 위해 모이면서, 서로 조금씩 떨어져서 자리를 잡게 됩니다. 이렇게 떨어져서 자리 잡은 분자들 때문에, 얼음은 물보다 부피가 커지는 거예요. 마치 친구들이 손을 잡고 원을 만들 때보다, 서로 손을 흔들면

서원을 만들 때 더 많은 공간이 필요한 것과 비슷해요.

🐰 : 그럼 얼음 위에 물을 부으면, 얼음이 가라앉나요?

🌱 : 그렇지 않아요. 얼음은 물보다 가벼워서 물 위에 떠 있게 됩니다. 이는 얼음의 부피가 물보다 크기 때문입니다.

복잡하고 어려운 과학적 개념부터 주변에서 일어나는 사소한 현상들을 물어보면, 챗GPT는 재미있는 비유를 사용하여 우리의 호기심을 충족시킵니다.

| 과학자들과 그들의 발견 |
중요한 과학 인물과 그들의 이야기

과학은 인류의 지식을 끊임없이 발전시키는 도구이며, 이 발전을 이끈 수많은 과학자가 있습니다. 장래 희망이 과학자인 친구 없나요? 과학자가 되려면 유명한 과학자들도 잘 알고 있어야 해요. 아이작 뉴턴, 알베르트 아인슈타인, 마리 큐리, 닐스 보어 등 과학자들의 업적은 우리가 세상을 이해하는 방식을 크게 바꾸었습니다. 이번에는 이러한 과학자들의 인생과 그들의 발견을 이야기하며, 챗GPT가 어떻게 이런 역사적인 이야기를 알기 쉽고 재미있게 전달할 수 있는지 알아보겠습니다.

🐰 : 아이작 뉴턴의 일대기를 초등학생에게 설명할 수 있게 책을 써주세요.
🌱 : 당연히 도와드릴 수 있어요. 그럼 어린이들에게 맞게 아이작 뉴턴의 이야기를 단순화해 볼게요.

제목ㅣ사과나무 아래에서: 아이작 뉴턴의 모험

1장 – 아이작, 궁금증 많은 소년
아이작 뉴턴은 영국에서 태어난 궁금증 많은 소년이었습니다. 어릴 때부터 왜 별들이 밤하늘에 반짝이는지, 왜 새들이 날 수 있는지 등 세상 모든 것들이 어떻게 작동하는지 궁금해했습니다.

2장 – 사과나무 아래에서의 발견

어느 날, 아이작은 사과나무 아래에서 쉬고 있었습니다. 그런데 갑자기 머리 위에서 사과가 떨어졌어요! 그 순간 아이작은 생각했어요. '왜 그 사과가 하늘 위에 머물러 있지 않고 떨어질까?'

3장 – 중력의 발견

그 질문은 아이작이 '중력'이라는 것을 발견하게 된 계기가 되었습니다. 중력이란 땅이 우리와 물체를 끌어당기는 힘을 말해요. 그래서 우리가 점프하면 다시 땅으로 돌아오는 거죠. 그리고 이 힘이 바로 사과가 땅으로 떨어지게 만드는 이유였습니다!

🐰 : 그럼 아이작 뉴턴이 사과나무 아래에서 쉬고 있던 그날이 없었다면, 우리는 중력에 대해 알지 못했을까요?

👽 : 아이작 뉴턴의 사과나무 이야기는 중력을 이해하는 상징적인 이야기입니다. 만약 그 사건이 없었더라도 뉴턴은 다른 방식으로 중력을 발견했을 가능성이 높습니다. 사실 뉴턴이 중력을 고민하게 된 것은 단지 사과가 떨어지는 것을 본 것뿐만 아니라 지구와 달, 그리고 태양 등 우주의 다른 물체들이 어떻게 움직이는지 관찰하며 오랜 시간에 걸쳐 생각한 결과였습니다.

그래서 중요한 것은 궁금증을 가지고, 주변을 주의 깊게 관찰하며, 그 관찰을 바탕으로 생각하는 것입니다. 이것이 바로 과학자가 되는 방법이죠!

이렇게 우리는 챗GPT에게 여러 과학자의 인생과 그들의 발견을 재미난 책을 읽듯이 알아볼 수 있으며, 이야기 속에서

그날 사과가 떨어지지 않았다면 뉴턴은 중력을 발견하지 못했을까?

새로운 질문들을 던질 수 있어요. 각각의 이야기는 과학자들이 세상을 어떻게 바라보았는지, 그리고 그들의 발견이 우리의 삶에 어떤 영향을 끼쳤는지를 보여줍니다. 챗GPT는 이런 이야기를 쉽고 재미있게 풀어내, 과학의 복잡한 세계를 이해하는 데 도움을 주죠. 그래서 과학자들의 이야기는 더 이상 난해한 이론이나 수식의 나열이 아니라, 그들의 생각과 발견을 통해 세상을 이해하는 새로운 관점을 보여줘요. 위대한 과학자들의 생각을 잠시나마 엿볼 기회예요.

| 뉴스 읽기 | 뉴스를 통해 최신 과학 트렌드 이해하기

과학 뉴스는 세상이 어떻게 돌아가는지 이해하는 데 필수적인 도구입니다. 기후 변화, 바이러스의 확산, 첨단 기술의 발전 등 수많은 사회적 이슈가 과학적 원리와 이론에 근거하고 있습니다. 뉴스 기사를 읽으며 새로운 개념이나 아이디어를 질문하고, 그 답을 찾아가며 과학적 사고를 키우고, 세상을 이해하는 데 한 발짝 가까워집니다.

🐰 : 흥미로운 과학 뉴스를 추천해주세요!

🤖 : 저는 2021년까지의 데이터를 바탕으로 답변해요. 2021년 이후의 최신 뉴스를 제공할 수는 없습니다. 그러나 과거에 흥미로운 과학적 발견이나 사건은 말씀드릴 수 있습니다. 예를 들어 2020년 나사(NASA)의 퍼서비어런스 로버가 화성에 성공적으로 착륙한 뉴스가 있었습니다. 이 로버는 화성의 고대 미생물 생명의 흔적을 찾는 임무를 수행하였습니다.

원하는 특정 분야가 있다면 그 분야의 뉴스를 추천해 달라고 하면 돼요. 생물이나 물리, 우주, 화학, 지구 등등 어떤 것이든지요. 만약 우리가 다른 사이트에서 읽은 2023년의 특정 뉴스 기사를 복사해서 붙여넣었다고 가정해봅시다.

🐰 : 이 기사를 봤는데 이해가 안 가요. (기사 내용 붙여넣기)

🤖 : (기사 분석 후) 이 기사는 (기사 주제)에 관한 것이네요. 이것이 의미하는 바는 (기사 내용 요약 및 설명). 따라서, 이 뉴스는 (왜 중요한지에 대한 설명) 때문에 중요합니다.

이렇게 챗GPT를 사용하면, 복잡한 과학적 개념이나 뉴스를 이해하는 데 도움을 받을 수 있습니다. 과학책뿐만 아니라 매일 업데이트되는 뉴스 기사를 이해할 수 있다면 우리의 지식의 폭이 더욱 넓어지겠죠?

▎가설 설정 ▎과학 실험의 시작 단추

가설이라는 단어를 들어본 적이 있나요? 가설은 사실을 설명하기 위한 초기 단계라고 볼 수 있습니다. 어떤 사건이나 현상을 보고, 그것이 왜 그런지 임시로 답을 정하는 것이에요. 과학자들은 실제 실험을 시작하기 전 가설을 세웁니다. 왜냐하면 가설은 실험의 방향을 정해주고, 우리가 어떤 결과를 기대해야 하는지 알려주기 때문이죠. 이번엔 챗GPT의 도움을 받아서 직접 가설을 세우고, 그 가설이 맞는지 확인하는 방법을 배워볼 거예요.

 : 제가 과학자가 되고, 챗GPT는 제 실험 도우미가 되어 주세요. 오늘은

실험을 진행하고 싶어요. 제가 하는 말을 기록하며 보조해 주세요.

🌱 : 네, 과학자님. 어떤 실험을 하려고 하나요?

🐰 : 사탕이 물에 녹는지 알아보려고 해요. 제 가설은 '사탕이 물에 녹는다' 입니다.

🌱 : 알겠습니다. 그 사탕을 물에 넣어보고, 무슨 일이 일어나는지 알려주세요. 그럼 제가 기록하겠습니다.

🐰 : 네, 사탕을 컵에 넣었고 물을 부었어요.

🌱 : 사탕에 무슨 일이 일어나고 있나요?

🐰 : 사탕이 작아지고 있어요. 사탕이 물에 녹는 것 같아요!

🌱 : 아, 그럼 우리의 가설이 맞았네요. 사탕은 물에 녹는다는 것을 확인했습니다. 그런데 왜 사탕이 물에 녹는지도 알아볼까요? 사탕은 주로 설탕으로 만늘어지는데, 설탕은 물과 만나면 분자 간의 결합이 약해져서 녹습니다.

지금 배운 가설 세우기는 과학자의 마음가짐을 이해하는 데 중요한 단계입니다. 과학자의 기본 자세는 호기심을 가지고, 무엇이 일어나고 있는지, 왜 일어나는지 깊이 생각한다는 것입니다. 그들은 관찰하며 생각을 발전시켜 가설을 세우고, 그 가설을 실험하여 검증합니다. 이렇게 가설을 세우고 검증하는 과정에서 새로운 지식을 발견하고 세상을 더 잘 이해하게 합니다. 그래서 가설 세우기는 과학적 사고와 끊임없는 배움의 시작점이 되는 것이죠. 챗GPT와 함께 이렇게 사고하고 배우는 과정을 경험해 보았으니, 훌륭한 과학자의 길에 한 발짝 가까워졌겠죠?

| 과학 실험 | 챗GPT가 안내하는 간단한 과학 실험

과학은 단순히 책에서 읽는 것만이 아닙니다. 실생활에서도 접할 수 있고, 우리 주변에서 일어나는 많은 일들도 과학으로 설명할 수 있어요. 이번엔 집에서 할 수 있는 간단하면서 재미있는 과학 실험을 챗GPT와 함께 진행할 거예요. 주변에서 일어나는 과학 현상을 이해하고, 과학적인 사고방식을 훈련하는 데 도움이 될 거예요.

🐰 : 안녕하세요! 오늘은 집에서 간단하게 할 수 있는 과학 실험을 해보고 싶어요.

🌼 : 안녕하세요! 물의 밀도를 변화시키는 실험은 어떨까요? 이 실험을 통해 물에 소금을 더하면 그 밀도가 어떻게 변하는지 알아볼 수 있어요.

🐰 : 좋아요, 어떻게 해야 하죠?

🌼 : 필요한 재료는 물, 소금, 설탕, 그리고 두 개의 물을 담을 수 있는 컵입니다. 첫 번째 컵에는 물만, 두 번째 컵에는 물과 소금을 섞어볼까요?

🐰 : 네, 그렇게 했어요. 그다음엔 어떻게 하나요?

🌼 : 다음에는 설탕을 각 컵에 넣어보세요. 물만 있는 컵과 물과 소금이 섞인 컵, 두 컵에서 설탕이 어떻게 녹는지 관찰해요.

🐰 : 설탕이 물과 소금이 섞인 컵에서 더 느리게 녹는 것 같아요!

🌼 : 잘 관찰했어요! 이것이 바로 밀도의 차이 때문이에요. 소금이 물의 밀도를 증가시키고, 밀도 높은 물은 설탕을 더 늦게 녹여요.

우리는 간단한 실험으로 과학 현상을 경험하고 이해할 수 있어요. 실험을 통해 직접 본 결과는 단순히 책에서 읽는 것보다 더 깊이 이해하게 도와줍니다. 또 실험은 이론적 지식을 실제 생활에 적용하는 좋은 방법이기도 해요. 그러니 주변에서 일어나는 다양한 현상에 대해 궁금해하고, 간단한 실험을 통해 그 원인을 알아가는 과학자의 자세를 가지고 계속해서 탐구해 나가면 좋겠습니다.

| 실험 실패를 통한 학습 |
실험의 결과를 이해하고, 실패 원인 토론하기

실험이 항상 성공할 수는 없어요. 성공적인 실험은 다양한 시행착오로 만들어집니다. 실패했다고 낙담하고 포기하는 게 아니라, 실패 원인을 분석하고 그 점을 보완해서 실험을 다시 진행해야 해요. 바로 앞장에서 우리는 물의 밀도를 변화시키는 실험을 살펴보았습니다. 하지만 실험이 항상 원하는 결과대로 나오지는 않죠. 이번 장에서는 실험에서 생길 수 있는 문제를 해결하고, 실패 원인을 찾아내는 과정을 살펴볼 것입니다.

🐰 : 물에 소금을 넣었는데 소금이 잘 안 녹아요. 이건 실패한 거 같아요…….

🌸 : 그렇군요. 실패라고 생각할 수 있지만, 이것은 또 다른 배움의 기회일 수 있어요. 물의 온도는 어떻게 되나요?

🐰 : 물이 차가워요. 그게 문제일까요?

🌸 : 그럴 수 있어요. 물의 온도는 소금이 녹는 속도에 큰 영향을 줍니다. 물을 약간 데워보는 것은 어떨까요?

🐰 : 그러면 더 잘 녹을까요? 왜 온도가 높으면 소금이 더 잘 녹는 걸까요?

🌸 : 좋은 질문이에요! 물이 데워질 때, 물 분자는 더 빠르게 움직이게 됩니다. 이 빠른 움직임이 소금의 결정 구조를 더 쉽게 분해하니까 소금이 더 잘 녹게 되는 거죠.

🐰 : 아, 그래서 실험할 때 모든 조건이 중요한 거군요. 다음부터는 물의 온도까지 고려해야겠어요. 오늘은 실패한 것 같아도 많이 배운 것 같아요. 감사합니다!

이번에는 실험 실패에서 배울 수 있는 가치에 대해 알아보았습니다. 실험에서 오류가 발생했을 때, 그 원인을 찾아내고 이해하는 것은 우리가 과학적 사고방식을 향상하는 데 큰 도움이 됩니다. 실험은 항상 성공적으로 이루어지는 것이 아니며, 때때로 실패를 통해 더 많은 것을 배울 수 있습니다. 그러므로 실험에서 나타나는 문제를 해결하고, 실패 원인 찾는 것을 두려워하지 말고 도전하는 것이 중요합니다.

실험을 통해 얻은 지식은
책으로 읽은 이론보다 훨씬 오래 기억에 남지.

미래 과학자의 훌륭한 조수가 되어줄게.

| 실험의 흔적을 남기는 법 | 과학 실험 보고서 작성하기

과학 실험을 마친 후 실험 보고서를 작성해야 진정한 자기만의 실험이 돼요. 실험 보고서는 실험의 목적, 방법, 결과, 그리고 그 결과에서 얻은 결론을 포함합니다. 하지만 처음부터 이런 보고서를 직접 작성하는 건 굉장히 막막하죠. 그럴 땐 챗GPT와 함께 쓰면 돼요.

 : 방금 우리가 함께 한 물 밀도 실험의 실패를 바탕으로 실험 보고서를 작성하려고 하는데, 도와줄 수 있나요?

: 물론이죠! 그럼 단계별로 보고서를 작성해 볼까요?

1. **제목:** 실험의 주제를 잘 나타내는 제목을 작성해야 합니다. '물의 온도가 소금의 용해도에 미치는 영향'이 어떨까요?

2. **목적:** 실험의 목적을 명확히 기술해야 합니다. 이 경우, '물의 온도가 소금의 용해도에 어떻게 영향을 미치는지 알아보는 것'이 목적일 수 있습니다.

3. **재료:** 사용한 모든 재료를 나열해야 합니다. 실험 준비물은 물, 소금, 컵,

그리고 온도계입니다.

4. 방법: 실험 과정을 순서대로 상세하게 작성해야 합니다. 먼저 차가운 물에 소금을 넣어 보았지만 잘 녹지 않았다는 것을 적어보세요. 그 후에 물을 데우고 소금이 더 잘 녹았다는 것을 적으세요.

5. 결과와 결론: 실험의 결과를 명확하게 기록하고, 그 결과에서 얻은 결론을 명확하게 작성해야 합니다. 이 경우, '차가운 물에서는 소금이 잘 녹지 않았지만, 따뜻한 물에서는 소금이 잘 녹았다'는 결과를 기록하고, '물의 온도가 높을수록 소금의 용해도가 높아진다'는 결론을 도출할 수 있습니다.

🐰 : 감사합니다! 덕분에 멋진 보고서를 작성했어요.

보고서 작성은 실험에서 학습한 내용을 정리하고 공유하는 중요한 과정입니다. 이 과정을 통해 우리는 실험의 결과를 다른 사람들과 공유하고, 우리의 이해를 깊게 하며, 앞으로의 실험에서 더 나은 결과를 얻기 위한 통찰을 얻을 수 있습니다. 실패도 성공으로 이어지는 중요한 학습 경험이니, 실패한 경험도 꼼꼼히 기록하며 한 단계 성장해요.

국어

| 국어사전 활용법 탐색 |

함께 국어사전을 둘러보며 단어와 표현 알아보기

우리는 매일 많은 단어를 사용하지만, 그 단어들의 정확한 뜻이나 유래를 알고 사용하는 경우는 드물죠. 국어를 잘하려면 사용하는 단어가 정확히 어떤 의미가 있는지 이해하는 게 첫 번째예요. 이번 장에서 챗GPT와 함께 국어사전의 활용법을 배우고, 어떻게 단어와 표현을 찾아볼 수 있는지 알아보도록 해요.

: 국어사전에 대해 배우고 싶어요. 국어사전 사용법을 알려주세요.

: 물론이죠. 국어사전 사용법을 단계별로 알아볼게요.

1. 모음과 자음 순서 알기

국어사전은 가나다순으로 배열돼 있어요. 단어의 첫 글자를 보고 해당하는 자음 부분을 찾아요.

2. 단어 찾기

해당 자음 부분으로 가면, 모음 순서대로 단어들이 정렬되어 있어요. 여기서 원하는 단어를 찾으면 됩니다.

3. 단어 정보 읽기

단어를 찾았다면, 단어에 대한 설명을 읽어보세요. 뜻, 어원, 예문 등 다양한 정보가 있을 거예요.

: 그럼 제가 좋아하는 단어 '우주'에 대해 국어사전에서 어떻게 찾을 수 있을까요?

: '우주'라는 단어를 찾으려면, 국어사전에서 'ㅇ' 부분을 찾아야 해요. 그다음에는 '우'로 시작하는 단어들을 찾고, 거기에서 '우주'라는 단어를

찾을 수 있어요.

🐰 : 네. 그 순서대로 '우주'라는 단어를 찾았어요. 여기에는 뜻 말고도 많은 정보가 있네요. 무슨 내용들이 있는지 설명해 주세요.

🌼 : '우주'라는 단어를 찾으면, 먼저 단어의 뜻이 나와 있어요. 그리고 어원, 즉 단어가 어디서 비롯된 것인지, 그리고 이 단어가 사용되는 예문들도 있을 거예요. 또 비슷한 뜻을 가진 단어들도 함께 나와 있을 수 있어요.

🐰 : 다른 단어도 찾아볼게요. 감사합니다!

국어사전은 국어와 친해질 수 있는 유용한 도구예요. 단어의 뜻뿐만 아니라, 그 단어가 어떻게 사용되는지, 어원은 무엇인지 등 많은 것을 배울 수 있어요. 국어사전을 잘 활용하면 난어에 대한 이해가 쉬워집니다.

| 글 속의 여행 안내자 |
기행문으로 여행지의 매력을 알려주기

여행은 새로운 경험을 하는 데 최고의 방법이죠. 여행하면서 느끼고 배운 것들을 글로 표현하는 것은 또 다른 즐거움이에요. 기행문이 무엇인지 알고 있나요? 기행문을 통해 여행지의 매력을 알려주는 방법을 배워볼 거예요.

🐰 : 안녕하세요, 북한 어린이에게 국내 여행지를 소개하는 기행문 쓰기 숙제가 있는데 기행문이 뭔지 잘 모르겠어요.

🌱 : 안녕하세요! 기행문을 쓰는 건 정말 재미있는 활동이에요. 기행문은 여행을 다녀오면서 느낀 감정이나 경험을 글로 써낸 것이에요. 여행지의 풍경, 사람들, 문화 등 다양한 요소들을 소개하는데, 그 과정에서 자기 생각과 감정을 함께 담아요.

🐰 : 그럼 기행문은 어떻게 시작하는 게 좋아요?

🌱 : 기행문을 쓸 때는 여행지에 대한 간단한 소개로 시작하는 것이 좋아요. 여행지가 어디인지, 어떤 특징이 있는지 등을 써보는 거죠. 그리고 여행을 다니면서 느낀 감정을 적는 것도 중요해요. 또 여행지에서 만난 사람들과의 대화나, 그곳의 문화를 설명하는 것도 재미있죠.

🐰 : 그럼 제가 제주도를 소개하는 기행문을 써볼게요.

제주도는 대한민국의 남쪽에 위치한 아름다운 섬이에요. 푸른 바다와 깨끗한 공기로 유명해요. 제주도에 도착하자마자 나는 싱그러운 바람에 활력을 느꼈어요. 이곳의 풍경은 정말 멋져요. 성산일출봉에 올라 일출을 보는 것은 잊을 수 없는 경험입니다. 또 제주도 사람들은 정말 친절해요.

: 정말 잘 썼어요! 이렇게 여행지의 특징과 느낀 감정, 그리고 문화를 담아내면 기행문이 더 풍부해져요.

북한 어린이에게 제주도를 소개하고 싶다고?
그럼 기행문 잘 쓰는 법을 알아볼까?

기행문은 여행을 통해 느낀 여러 가지 감정과 경험을 글로 담는 아름다운 방법이에요. 여행지의 특징을 소개하고, 그곳에서의 생활과 문화를 묘사하면서, 자신이 느낀 감정을 함께 표현하면 멋진 기행문이 완성될 거예요.

| 정보 찾기와 요약 |
기사에서 중요한 정보를 찾아내고 요약하는 기술 배우기

글이나 기사에서 중요한 정보를 빠르게 파악하고 요약하는 기술은 학습과 연구, 그리고 일상생활에서 큰 도움이 됩니다. 이번에는 챗GPT와 함께 실제 기사를 읽고 요약하는 연습을 해보는 방법을 소개합니다.

: 학교에서 긴 글을 짧게 요약하는 걸 배우고 있어요. 연습하고 싶은데 기사를 보여주세요. 환경 보호에 관한 글이면 좋겠어요.

: 어린이들이 이해하기 쉬운 환경 보호 기사를 가져왔어요. 함께 읽어봅시다.

'환경을 지키는 영웅, 재활용 로봇!'

지난주, 한 과학 박람회에서는 환경을 보호하는 새로운 로봇을 소개했습니다. 이 로봇은 바닥에 있는 쓰레기를 자동으로 주워 재활용 통에 넣을 수 있어요. 로봇은 센서를 사용해서 쓰레기를 찾고, 작은 팔로 쓰레기를 집어 올립니다.

과학자들은 이 로봇을 만들기 위해 노력을 기울였습니다. 환경을 보호하는 것이 매우 중요하다고 생각하기 때문이죠. 쓰레기가 많아지면 우리 지구가 더러워지고, 동식물에게도 안 좋아요.

재활용 로봇을 학교나 공원 같은 공공장소에서 활동하면, 쓰레기 문제를 줄일 수 있을 거라고 과학자들은 말합니다. 미래에는 더 많은 로봇이 환경 보호에 도움을 줄 수 있을 거예요.

🐰 : 이 기사를 어떻게 요약하면 좋을까요?

🌱 : 기사를 요약할 때는 중요한 정보들을 짧게 정리하는 것이 중요해요. 이 기사를 요약하기 전에, 몇 가지 팁을 줄게요.

- **제목 파악:** 기사의 제목을 봐서 글이 어떤 주제에 관한 것인지 파악하

세요.

- **핵심 내용 찾기:** 글을 읽으면서 중요한 사실이나 정보가 담긴 문장들을 찾아보세요.
- **단어 선택:** 핵심 내용을 표현할 때 간결한 단어를 사용하세요.
- **주어진 정보만 사용:** 요약은 기사에 있는 정보만을 바탕으로 해야 해요. 자신의 의견이나 추가 정보는 넣지 않습니다.

이제 요약을 한번 시도해 봅시다. 먼저, 제목과 핵심 내용은 무엇일까요?

🐰 : 제목은 '환경을 지키는 영웅, 재활용 로봇!'이고, 핵심 내용은 과학자들이 환경을 보호하기 위해 쓰레기를 줍는 로봇을 개발했다는 것 같아요.

🌱 : 정확해요! 이제 그 정보를 바탕으로 짧게 요약해볼까요?

🐰 : "과학자들이 쓰레기를 자동으로 주워 재활용 통에 넣는 환경 보호 로봇을 개발했다."

🌱 : 정말 잘 요약했어요. 이렇게 핵심 내용을 짧고 간결하게 표현하는 것이 요약의 핵심입니다. 요약은 읽기 능력을 향상하고, 중요한 정보를 빠르게 파악하는 데 큰 도움이 됩니다. 계속 연습하면 더 좋아질 거예요.

챗GPT와 함께 기사를 읽고 중요한 정보를 찾아 요약하는 연습을 해봤습니다. 요약하기 연습은 읽기 능력과 정보 처리 능력을 향상할 수 있어요. 다양한 주제의 글이나 기사를 읽고 요약하는 연습을 꾸준히 하면 더욱 능숙해질 수 있습니다.

| 발표와 대화 기술 |
논리적으로 말하는 방법과 대화 기술 연습하기

발표란, 우리가 어떤 주제에 관해서 다른 사람들 앞에서 정보를 제공하고 의견을 나누는 것입니다. 좋은 발표자가 되기 위해서는 명확한 의사 전달, 논리적 사고, 자신감, 그리고 관객과의 상호 작용 능력이 필요합니다. 챗GPT와 함께 발표의 구조를 짜는 방법, 논리적으로 말하는 방법, 그리고 효과적인 몸짓과 목소리 톤을 사용하는 방법을 배워봐요.

 : 학교에서 발표와 대화 기술을 배우고 있어요. 논리적으로 말하는 방법

과 대화하는 기술에 관해 조언을 구하고 연습하고 싶어요.

🌱 : 네, 도와드리겠습니다! 발표와 대화를 할 때 논리적으로 말하는 것은 매우 중요해요. 이를 위해 몇 가지 중요한 요소를 기억하면 좋아요.

- **준비:** 대화 주제나 발표 주제에 대해 미리 연구하고, 알고 있는 내용을 정리하세요.
- **구조:** 말을 할 때는 명확한 구조를 갖도록 하세요. 예를 들어 먼저 주제를 소개하고, 그다음에는 주요 사실들을 말하고, 마지막으로 결론을 내리는 식으로요.
- **증거 사용:** 말할 내용에 근거가 되는 증거나 예시를 들어주면 더 설득력이 있습니다.
- **목소리와 몸짓:** 목소리의 톤과 몸짓을 사용해 말하는 내용을 강조하세요.

이제 연습을 해볼까요? 어떤 주제로 연습하고 싶어요?

🐰 : 환경 보호를 주제로 발표 연습하고 싶어요!

🌱 : 좋은 주제네요. 먼저 발표의 구조를 생각해 볼까요? 예를 들어 '환경

보호의 중요성', '환경 보호를 위한 방법', 그리고 '우리가 할 수 있는 것' 이렇게 세 부분으로 나눌 수 있어요. 어떻게 생각하세요?

🐰 : 좋아요. 먼저 환경 보호의 중요성에 대해 말해볼게요. "환경 보호는 지구와 모든 생명체에게 중요한데, 이는 공기와 물의 질을 유지하고 기후 변화를 완화하는 데 도움이 됩니다." 이렇게 말하면 되나요?

🌱 : 네. '환경 보호를 위한 방법'을 말할 때는, 구체적인 예시를 들어서 설명하는 것이 좋습니다. 예를 들어 재활용이나 나무를 심는 것이 환경 보호에 어떻게 도움이 되는지 말해볼 수 있어요.

🐰 : 알겠습니다. 마지막으로 '우리가 할 수 있는 것'에 대해 말하면서, "우리는 재활용품을 분리수거하고, 나무를 심으며, 자전거를 타는 등으로 환경 보호에 기여할 수 있습니다." 이렇게 정리해 볼게요.

🌱 : 좋아요! 이제 몸짓과 목소리 톤을 이용하여 각 부분을 강조해 보세요. 예를 들어 '환경 보호의 중요성'을 설명할 때는 진지한 표정으로, '우리가 할 수 있는 것'을 설명할 때는 희망찬 표정으로 말하는 것이 좋아요.

🐰 : 감사합니다! 발표 준비에 큰 도움이 될 것 같아요.

꾸준한 발표 연습은 논리적 사고와 의사소통 능력을 향상할 수 있습니다. 아이디어와 의견을 효과적으로 전달할 수 있고, 더 많은 사람을 설득하는 능력을 갖추게 되죠. 또 발표 기술이 좋아지면 리더십도 좋아져요. 논리적으로 생각하고 명확하게 말하는 능력은 팀이나 단체를 이끌고 변화를 이끄는 중요한 원동력입니다.

| 토론과 논쟁 |
주제를 선정하여 토론하고, 반박하는 방법 배우기

발표와 토론은 중요한 말하기 기술입니다. 발표는 주로 일방적인 정보 전달이지만, 토론은 상호 대화와 의견 교환을 해야 합니다. 토론에서는 주제에 적합한 다양한 관점을 제시하고, 상대방의 의견에 반박하는 것이 중요합니다. 반박을 잘하는 것은 논리적 사고를 키우고, 자신의 주장을 더 타당하게 만드는 데 도움이 됩니다. 이제 토론과 반박하는 방법을 연습해 볼까요?

🐰 : 이번에는 토론과 논쟁을 배우고 싶어요. 특히 상대방의 의견에 잘 반박하는 방법이 궁금해요.

🌼 : 토론에서 상대방의 의견에 반박할 때 기억해야 할 몇 가지 원칙이 있습니다. 첫째, 상대방의 의견을 정확히 이해하세요. 둘째, 상대방의 주장을 논리적으로 생각해 보고 근거를 찾으세요. 셋째, 침착하게 대응하되 감정적으로 반응하지 말고 논리적으로 말하세요. 이걸 꼭 기억하세요. 그럼 토론의 주제로 어떤 것을 고르시겠습니까?

🐰 : '학교 교육은 인터넷 강의만으로도 충분하다'라는 주제로 토론을 해보고 싶어요. 저는 이 주장에 반대하는 입장이에요.

🌼 : 좋은 주제네요. 저는 이 주장을 지지하는 입장에서 토론을 시작하겠습니다. 학교 교육은 인터넷 강의만으로도 충분하다고 생각합니다. 인터넷 강의는 시간과 장소에 구애받지 않고, 다양한 정보를 쉽게 접할 수 있기 때문이죠.

🐰 : 하지만 인터넷 강의만으로는 학생들 사이의 상호 작용이 부족해요. 학교에서는 친구들과 함께 문제를 해결하고, 협력하는 기회가 많아요.

🌼 : 반면 인터넷 강의는 학생이 혼자서 집중하여 학습할 수 있죠. 이건 학교 수업에서 쉽게 얻을 수 없는 이점이죠.

🐰 : 학교에서는 선생님과 직접 만나 질문할 수 있고, 그 즉시 답변을 받을 수 있어요. 인터넷 강의에서는 이러한 상호 작용이 제한적이에요. 그리고 협동 학습은 사회 구성원으로서 꼭 알아야 해요.

🌸 : 잘 반박했습니다! 상대방의 의견을 정확히 듣고, 논리적으로 생각하여 근거를 바탕으로 말했어요. 이처럼 토론은 생각을 명확히 하고 논리적으로 전달하는 데 큰 도움이 됩니다.

🐰 : 그런데 토론하다 보면 빨리 생각이 떠오르지 않을 때가 있어요. 그럴 때는 어떻게 해야 하나요?

🌸 : 그런 상황이 발생하면, 먼저 깊게 숨을 들이마셔서 마음을 진정시키세요. 그다음 상대방에게 "잠시 시간을 주시겠습니까? 제 생각을 정리하고 싶어요"라고 말해요. 이런 방법으로 상대방에게 조금 더 시간을 달라고 요청하면, 더 생각할 시간이 생기고 대화를 건설적으로 진행할 수 있습니다.

토론과 반박하는 연습은 논리적 사고력을 키울 수 있고, 다양한 관점을 이해하는 능력을 향상할 수 있어요. 또 감정 관리와 의사소통 기술을 배우면서 대인 관계에서 더 나은 대화를 끌어낼 수 있죠. 감정을 제어하면서 상대방의 의견을 존중하고, 자기 생각을 논리적으로 표현하는 연습을 꾸준히 한다면, 더욱 성숙한 사고를 갖게 되고, 문제 해결 능력도 향상될 것입니다.

| 독서와 독후감 |
책을 읽고 내용을 이해한 뒤, 독후감 작성하기

독서는 지식을 확장하고 상상력을 키우는 데 가장 좋은 방법이에요. 다양한 이야기와 상황을 접하면 사고력을 발전시키는 데 큰 도움이 되죠. 그래서 책을 읽은 뒤 그 내용을 잘 이해하고 생각을 정리하여 독후감을 작성하는 연습은 매우 중요합니다. 이번엔 챗GPT와 함께 〈헨젤과 그레텔〉을 읽고, 독후감을 작성하는 방법을 배워볼 거예요!

🐰 : 안녕하세요, 저는 독서를 좋아하는데요. 오늘은 〈헨젤과 그레텔〉을 읽었습니다. 근데 독후감을 어떻게 작성하는지 잘 모르겠어요.

🤖 : 독후감은 책을 읽은 후 책의 내용과 자기 생각을 정리하는 글입니다.

책의 내용 요약, 책에서 배운 점, 그리고 감상을 포함하죠. 우선 책의 내용을 요약해 볼까요?

🐰 : 네. 헨젤과 그레텔은 가난한 집에서 태어났고 새어머니 때문에 숲속에 버려진 남매예요. 빵 부스러기를 사용하여 길을 찾아가려 했지만 실패하고, 과자로 만든 집을 발견합니다. 그 집은 사악한 마녀가 사는 곳이었어요. 마지막에 헨젤과 그레텔은 영리하게 마녀를 무찌르고 집으로 돌아갑니다.

🌱 : 잘했어요! 이제는 책에서 가장 인상 깊었던 부분이나 배운 교훈을 적어볼까요? 어떤 부분이 가장 인상 깊었나요?

🐰 : 헨젤이 빵 부스러기를 뿌려서 길을 표시하는 부분이 인상적이었습니다. 그리고 마지막에 마녀를 무찌르는 부분도 좋았어요. 헨젤과 그레텔이 서로 아껴주며 어려움을 극복하는 게 감동이었어요.

🌱 : 이러한 내용을 바탕으로 독후감을 작성해 봅시다. 예를 들어, "〈헨젤과 그레텔〉은 남매가 숲속에서 겪는 모험 이야기입니다. 헨젤이 빵 부스러기를 뿌려 길을 표시하는 부분은 창의적이고 똑똑함을 보여주는 순간으로 인상 깊었습니다. 또 헨젤과 그레텔이 협력하여 사악한 마녀를 무찌르는 모습은 어려움을 함께 극복하는 가치를 깨닫게 해주었습니다"라고 쓸 수 있겠죠.

🐰 : 감사합니다! 이제 독후감 작성하는 방법을 알게 되었어요.

〈헨젤과 그레텔〉을 읽고 독후감을 작성하면서 책의 내용을 더 깊이 이해하고, 그 안에서 중요한 교훈을 발견할 수 있었어요. 독후감은 우리의 생각과 느낌을 표현하는 능력을 키워주죠. 책을 읽고, 그 속에서 배운 것들을 나누고, 생각을 표현하는 것은 인생을 더 풍요롭고 의미 있게 만들 것입니다.

헨젤과 그레텔의 모험을 따라가고 기록해 보자.
독후감 쓰기도 어렵지 않아.

코딩

| 코딩이란 무엇인가 |

코딩의 기본 개념과 프로그래밍 언어 추천

이번 장에서는 코딩, 즉 프로그래밍을 배워볼 거예요. 컴퓨터 프로그래밍이란 무엇인지 알고 있나요? 또는 왜 프로그래밍을 배워야 하는지 생각해봤나요?

우리는 매일 스마트폰, 컴퓨터, 게임과 같은 디지털 기기를 사용하지만, 이러한 기기들이 어떻게 작동하는지에 대해서는 잘 모릅니다. 코딩은 디지털 기기를 움직이게 하는 중요한 요소예요. 챗GPT 역시 코딩으로 만들어진 인공지능입니다. 챗GPT와 함께 코딩이 무엇인지, 그리고 왜 중요한지 알아볼 거예요. 이제 창의력만 발휘하면 무엇이든 만들 수 있는 코딩의 세계로 함께 떠나볼까요?

🐰 : 코딩이란 무엇인가요?

🌸 : 코딩은 컴퓨터 언어를 사용하여 컴퓨터에 명령을 내리는 과정이에요. 컴퓨터는 우리가 일상적으로 사용하는 언어를 이해하지 못하기 때문에, 특별한 프로그래밍 언어를 사용해서 컴퓨터에게 우리가 원하는 작업을 지시해줘야 해요.

🐰 : 그러면 어떻게 코딩을 시작할 수 있을까요? 챗GPT와 코딩 공부를 시작해보고 싶어요.

🌸 : 코딩을 시작하는 데는 많은 방법이 있어요. 먼저 쉽게 접근할 수 있는 프로그래밍 언어를 선택하는 것이 좋아요. 예를 들어 '파이썬(Python)'은 초보자들이 배우기에 아주 적합한 언어예요. 또 '스크래치(Scratch)'는 드래그 앤 드롭 방식으로 코딩을 할 수 있어서 어린이도 쉽게 사용할 수

있죠.

🐰 : 그러면 완전히 코딩을 처음 시작하는 사람은 어떤 프로그램을 사용하면 좋을까요?

🌱 : 초보자들은 스크래치라는 프로그램을 사용해보는 것이 좋아요. 스크래치는 블록을 마우스로 선택한 다음 그대로 끌어서 화면의 다른 곳에서 놓는 방식이라 쉽게 시작할 수 있어요. 스크래치를 사용하면 게임이나 애니메이션을 만들면서 코딩의 기본 개념을 배울 수 있어요.

    코딩은 게임 개발, 웹사이트 제작, 데이터 분석, 인공지능 등 다양한 분야에서 활용할 수 있습니다. 코딩은 단순히 컴퓨터에 명령을 내리는 것 이상의 의미가 있어요. 이를 통해 논리적 사고를 키우고, 문제 해결 능력을 길러 나갈 수 있습니다. 챗GPT는 프로그래밍 관련 질문에 답할 수 있고, 코딩 문제를 해결하는 데 도움을 줄 수 있어요. 또 우리가 작성한 코드를 함께 살펴보고 개선 방안을 제시하는 것도 가능해요. 이번 장에선 챗GPT에게 추천받은 스크래치 사용법에 대해 알아볼 거예요. .

|코딩 시작하기| 스크래치로 블록 코딩 체험하기

프로그래밍 언어와 코딩의 세계에 첫발을 디딜 수 있는 가장 쉽고 재미있는 방법인 스크래치를 소개하려 합니다. 프로그래밍 언어란, 컴퓨터가 우리가 원하는 작업을 수행하도록 지시하는 데 사용하는 도구예요. 블록 기반 프로그래밍, 특히 블록 코딩은 간단한 원리로 작동하기 때문에 초보자들도 쉽게 배울 수 있어요. 블록 코딩을 이용하여 캐릭터를 움직이는 기술을 배우면 코딩의 기본 개념을 이해하는 데 도움이 됩니다. 블록 코딩을 이해하면 나중에 복잡한 프로그래밍 언어로 넘어갈 때 중요한 기본 기술로 작용하며, 블록 코딩에서 익힌 구조적 사고와 알고리즘적 접근 방법이 고급 프로그래밍에서 큰 역할을 합니다. 여기서부터는 스크래치를 직접 사용하며 챗GPT가 설명해 주는 대로 따라해보며 학습해 봐요.

🐰 : 코딩을 배우고 싶은데 어디서 시작할지 모르겠어요. 친구들은 캐릭터 움직이는 걸 하던데, 그건 어떻게 하는 거예요?

🌱 : 안녕하세요! 캐릭터를 움직이는 것은 코딩을 배우기 좋은 방법이에요. 스크래치를 사용해 볼까요? 거기서는 쉽게 블록들을 끌어다 놓아서 캐릭터를 움직일 수 있어요

🐰 : 좋아요! 스크래치로 무엇을 할 수 있을까요?

🌱 : 스크래치로는 간단한 게임, 애니메이션, 이야기 등 다양한 것을 만들 수 있어요. 블록들을 드래그하여 캐릭터를 움직이게 하거나, 소리를 내게 할 수도 있죠. 스크래치는 코딩의 기본 개념을 재미있게 배울 수 있도록 도와줍니다.

🐰 : 그럼 스크래치는 어떻게 시작해야 할까요?

🌱 : 먼저 스크래치 웹사이트(https://scratch.mit.edu/)에 접속해서 계정을 만들어 보세요. 그다음 '새로운 프로젝트 만들기'를 선택하면, 코딩 환경을 볼 수 있을 거예요. 화면에는 캐릭터를 추가하거나 배경을 바꿀 수 있는 영역과, 블록들을 조합하여 코딩할 수 있는 영역이 있을 겁니다.

🐰 : 블록들은 어떻게 사용하나요?

🌱 : 블록들은 각각 다른 기능을 가지고 있어요. 예를 들어 '움직이기' 블록은 캐릭터를 움직이게 하고, '소리내기' 블록은 소리를 재생하는 데 사용됩니다. 블록들을 드래그해서 코딩 영역에 놓고, 서로 연결할 수 있어요. 블록들

을 서로 연결하면, 프로그램이 어떻게 동작할지를 정의하는 것이죠. 그러면 캐릭터가 움직이면서 동시에 소리를 내는 등의 동작을 조합할 수 있습니다.

🐰 : 이걸로 코딩을 어떻게 실행하는 건가요?

🌼 : 스크래치에서 블록들을 끌어다 놓으면서, 어떻게 캐릭터를 움직이게 할지 생각해보세요. 이게 바로 코딩이에요. 코딩은 컴퓨터에 무엇을 해야 할지 알려주는 거거든요. 블록들을 조합해서 컴퓨터가 원하는 대로 움직이게 하는 거죠.

🐰 : 그럼 나중에 더 어려운 코딩도 할 수 있을까요?

🌼 : 물론이죠. 스크래치로 기본을 배우면, 나중에는 파이썬이나 자바(Java) 같은 언어를 배우는 데 도움이 될 거예요. 블록들을 사용해서 생각하는 방법은 나중에 글씨로 코딩할 때도 중요해요. 캐릭터를 움직이면서, 조건문과 반복문 같은 프로그래밍의 기본 개념을 익힐 수 있어요.

🐰 : 지금 바로 스크래치를 해봐야겠어요!

이번 장에서는 챗GPT가 스크래치 같은 블록 코딩 도구로 코딩을 시작하는데 어떻게 도와주는지 알아봤어요. 스크래치로 캐릭터를 움직이면서, 우리는 코딩의 ABC를 배우죠. 이렇게 배운 것들, 예를 들어 블록들을 조립해서 캐릭터가 어디로 갈지 정하는 것은, 코딩의 기초적인 부분이에요. 나중에 다른 코딩 언어를 배울 때도 이런 기초적인 부분들을 또 사용하죠. 스크래치를 이용해 캐릭터를 움직이면서 배운 간단한 기초들은 나중에 더 크고 멋진 코딩 세계로 입문하는 발판이 될 수 있어요.

코딩의 ABC부터 차곡차곡 함께 배워보자.
처음엔 스크래치로 블록을 쌓으면서 캐릭터를 어떻게 움직이게 할지 고민해보는 것도 좋아. 지금 스크래치에 접속해서 함께 해보면 될 거야.

| 반복과 조건 | 반복문과 조건문을 사용하여 코딩에서 논리적인 흐름을 만들어보기

블록 기반 코딩 도구인 스크래치를 사용하여 캐릭터를 움직이는 법을 배웠습니다. 이번에는 코딩의 중요한 요소인 반복문과 조건문을 알아보고, 스크래치로 어떻게 이것을 사용할 수 있는지 알아볼까요? 반복문과 조건문은 코딩에서 논리적인 흐름을 만드는 데 큰 역할을 합니다.

: 반복문이 뭐예요?

: 반복문은 코딩에서 어떤 작업을 여러 번 반복하도록 만드는 기능이에요. 스크래치에서는 '반복' 블록이 이 역할을 해요. 캐릭터가 뛰어다니는 게임을 만들 때, 캐릭터가 계속 뛰어다니게 하려면 반복문을 사용하면 돼요.

: 그럼 스크래치에서 반복문을 어떻게 사용하죠?

: 스크래치에서는 '반복' 블록을 사용해서 반복문을 만들 수 있어요. '제어' 카테고리에서 '반복' 블록을 찾을 수 있는데요, 이 블록 안에 다른 블록들을 넣으면 그 블록들이 정해진 횟수만큼 반복해서 실행되죠. 캐릭터를 오

른쪽으로 움직이게 하려면 'x좌표로 ( )만큼 바꾸기' 블록을 사용할 수 있어요. 이 블록은 '모션' 카테고리에 있어요. '반복' 블록 안에 'x좌표로 ( )만큼 바꾸기' 블록을 넣고, 괄호 안에 0보다 큰 숫자를 넣으면 캐릭터가 오른쪽으로 움직일 거예요. 예를 들어, 반복 횟수를 10으로 설정하고 'x좌표로 (10)만큼 이동'을 넣으면, 캐릭터가 오른쪽으로 10번 움직이게 됩니다.

🐰 : 정말 신기해요! 그럼 조건문은 뭐예요?

🌱 : 조건문은 코딩에서 특정 조건이 참인지 거짓인지를 확인한 다음, 그 결과에 따라 다른 작업을 수행하는 기능이에요. 스크래치에서는 '만약 ( )라면' 블록으로 조건문을 만들 수 있어요.

🐰 : 스크래치에서 조건문을 어떻게 사용하죠?

🌱 : 스크래치의 '제어' 카테고리에 가면 '만약 ( )라면' 블록을 찾을 수 있어요. 이 블록 안에 조건을 설정하고, 그 조건이 참일 때 실행할 블록들을 넣으면 돼요. 예를 들어 캐릭터가 화면의 가장자리에 도달했을 때 다시 화면 안으로 들어오도록 하려면, '만약 ( )라면' 블록 안에 '벽에 닿았는가?' 블록을 넣고, 닿았을 경우 캐릭터를 화면 안으로 이동시키는 블록을 추가하면 돼요.

🐰 : 이해했어요! 반복문과 조건문을 같이 사용할 수 있나요?

🌱 : 네, 가능해요! 반복문 안에 조건문을 넣거나, 조건문 안에 반복문을 넣

는 식으로 결합할 수 있어요. 캐릭터가 계속해서 뛰면서 화면 밖으로 나가지 않도록 하려면, '반복' 블록 안에 '만약 ( )라면' 블록을 넣어서 캐릭터가 화면 밖으로 나갔을 때 안으로 돌아오도록 할 수 있어요.

챗GPT가 알려준 대로 코딩 해보기

반복문과 조건문은 코딩에서 중요한 역할을 하는 요소들입니다. 이번 장에서는 챗GPT와 스크래치를 사용하는 법을 배워봤어요. 쉽고 재미있게 코딩의 기본 개념을 익히면, 나중에 좀 더 복잡한 코딩을 배우는 데도 도움이 될 거예요. 코딩에

익숙해지면 더 복잡하고 어려운 반복문과 조건문으로 멋진 결과물을 만들 수 있습니다.

| 간단한 게임 제작 |
배운 명령어를 활용하여 간단한 게임 만들어보기

지금까지 블록 기반 코딩 도구인 스크래치를 사용하여 기본적인 코딩 개념을 배웠습니다. 이제 이러한 지식을 활용하여 간단한 게임을 만들어 볼 차례예요. 이 과정은 프로그래밍의 기본적인 요소들이 실제로 어떻게 작동하는지 직접 보고 이해할 수 있을 것입니다. 책을 읽으며 한번 직접 시도해 보세요.

🐰 : 스크래치로 간단한 게임을 만들어보고 싶은데 어떻게 시작하죠?

🌱 : 간단한 게임을 만드는 것은 코딩 기술을 효과적으로 연습하는 데 도움이 됩니다. 어떤 종류의 게임을 만들고 싶은지 결정해야 해요. 공을 피하는 게임이나, 간단한 퀴즈 게임 같은 것들이 있죠. 어떤 걸 만들고 싶나요?

🐰 : 공을 피하는 게임을 만들어볼게요.

스크래치에 접속해서 함께 만들어보세요!

1. 새 프로젝트 시작: 스크래치 웹사이트에 접속해서 새 프로젝트를 시작하세요.

2. 스프라이트 선택: 게임의 주인공을 위해 캐릭터 스프라이트를 선택하거나 직접 그리세요.

3. 공 스프라이트 추가: '새 스프라이트 선택' 버튼을 클릭하여 공 스프라이트를 추가하세요.

4. 캐릭터 움직임 설정:

- 캐릭터 스프라이트를 선택하세요.
- '이벤트' 카테고리에서 '플래그 클릭시' 블록을 가져오세요.
- '제어' 카테고리에서 '무한 반복하기' 블록을 가져와서 '플래그 클릭시' 블록 아래에 붙이세요.
- '제어' 카테고리 안에 '만약 ( )라면' 블록을 '무한 반복하기' 블록 안에 추가하세요.
- '감지' 카테고리에서 '( ) 키를 눌렸는가?' 블록을 '만약 ( )라면' 블록의 흰색 조건 공간에 붙이세요. 이 블록의 드롭다운 메뉴를 변경하여 원

하는 키 (예: 오른쪽 화살표)를 선택하세요.

- '동작' 카테고리에서 'x좌표를 ( )만큼 바꾸기' 블록을 '만약 ( )라면' 블록 아래에 추가하세요. 거기에 원하는 값을 입력하세요.
- 위의 단계를 다른 방향키들에 대해서도 반복하세요.

5. 공 움직임 설정:

- 공 스프라이트를 선택하세요.
- '이벤트' 카테고리에서 '플래그 클릭시' 블록을 가져오세요.
- '제어' 카테고리에서 '무한 반복하기' 블록을 가져와서 '플래그 클릭시' 블록 아래에 붙이세요.
- '동작' 카테고리에서 'y좌표를 ( )만큼 바꾸기' 블록을 '무한 반복하기' 블록 안에 추가하세요. 음수 값을 입력하여 공이 아래로 떨어지게 만드세요.
- '제어' 카테고리에서 '만약 ( )라면' 블록을 '무한 반복하기' 블록 안에 추가하세요.
- '연산' 카테고리에서 '( ) < ( )' 블록을 '만약 ( )라면' 블록의 조건 공간에 넣고, 왼쪽에 'y 좌표'블록을 '동작' 카테고리에서 가져와 넣고, 오른쪽엔 화면 하단 경곗 값(예: -180)을 입력하세요.

- '동작' 카테고리에서 'y 좌표를 ( )로 정하기' 블록을 '만약 ( )라면' 블록 안에 넣고, 공이 다시 시작할 높은 y 위칫값을 설정하세요.

- '동작' 카테고리에서 'x 좌표를 ( )로 정하기' 블록을 '만약 ( )라면' 블록 안에 추가하고 '연산' 카테고리에서 '( ) 부터 ( ) 사이의 난수' 블록을 사용하여 공이 랜덤한 x 위치에서 시작하도록 설정하세요. 예를 들어, -240부터 240까지로 설정하면 전체 화면 너비 내에서 무작위 위치로 공이 떨어질 것입니다.

6. **충돌 감지와 점수 추가:**

   - 캐릭터 스프라이트를 다시 선택하세요.

   - '변수' 카테고리에서 '변수 만들기'를 클릭하여 '점수'라는 새 변수를 만드세요.

   - 기존 '무한 반복하기' 블록 안에 '점수를 0 만큼 바꾸기' 블록을 추가하여 점수가 증가하도록 설정하세요.

   - '만약 ( )라면' 블록을 새로 추가 후, 안에 '감지' 카테고리의 '( )에 닿았는가?' 블록을 넣고, 공을 선택하세요.

   - 충돌이 감지되면, '변수' 카테고리의 '점수를 ( )로 정하기' 블록을 사용하여 점수를 0으로 리셋하세요.

7. 테스트와 실행: 이제 게임을 테스트하고 실행할 준비가 되었습니다. 플래그 버튼을 눌러 게임을 시작하세요!

이렇게 단계별로 따라 하면 간단한 '공 피하기' 게임을 만들 수 있어요. 스크래치에서는 무수히 많은 기능과 블록이 있으니, 이 기본적인 구조를 바탕으로 더 많은 기능을 추가해서 좀 더 복잡한 게임으로 발전시켜보세요!

캐릭터

공

🐰 : 게임이 작동해요!

🌱 : 코딩은 창의력과 상상력을 발휘하는데 정말 좋아요. 나만의 게임을 만드는 경험은 정말 즐거워요. 필요하면 언제든 도움을 청하고, 도전하는 것을 두려워하지 마세요!

스크래치를 사용하여 간단한 '공 피하기' 게임을 만들어봤습니다. 하지만 스크래치로 할 수 있는 것은 이것뿐이 아니에요. 스크래치는 다양한 종류의 게임과 프로젝트를 만드는 데 사용할 수 있습니다.

- **미로 찾기 게임:** 플레이어가 캐릭터를 조작하여 미로에서 탈출하는 게임을 만들 수 있어요.
- **퀴즈 게임:** 여러 가지 질문에 대해 플레이어가 답변하고 점수를 얻는 게임도 재미있죠.
- **애니메이션 스토리:** 게임뿐만 아니라, 스크래치로 간단한 애니메이션 스토리도 만들 수 있어요.

이 외에도 다양한 프로젝트들을 만들면서, 코딩의 다양한 개념을 더 깊게 이해하고 응용할 수 있습니다. 창의력을 발휘하고 새로운 아이디어로 도전하는 것이 중요해요.

| 애니메이션과 스토리텔링 |
코딩을 통해 이야기를 더욱 생동감 있게 만들기

스크래치를 이용하여 게임 제작을 배웠으니, 이번에는 애니메이션과 스토리텔링을 배워볼게요. 애니메이션과 스토리텔링은 창의력과 상상력을 마음껏 발휘할 방법이에요. 스크래치로 캐릭터들이 움직이고 대화하며 생동감 넘치는 나만의 애니메이션을 만들어 봐요.

: 애니메이션을 만드는 것도 재미있을 것 같아요! 어떻게 시작하죠?

: 애니메이션을 만들기 위해선 캐릭터들과 배경, 그리고 그들의 움직임과 대화를 계획해야 해요. 시작해볼까요?

1. **새 프로젝트 시작:** 스크래치 웹사이트로 가서 새 프로젝트를 시작하세요. 이번에는 애니메이션에 적합한 캐릭터들과 배경을 선택해봅시다.

2. **배경 설정:** '배경 선택' 버튼을 클릭하여 라이브러리에서 원하는 배경을 선택하거나, 직접 그려서 추가하세요.

3. **캐릭터 추가:** 애니메이션에 등장할 캐릭터들을 추가하세요. '새 스프라이트 선택'을 클릭해서 캐릭터들을 추가할 수 있어요.

4. **캐릭터 움직임 설정:** '이벤트'에서 '플래그 클릭시' 블록을 가져와서 캐릭터가 움직이도록 설정하세요. '동작' 카테고리에서 움직임과 관련한 블록들을 사용해서 캐릭터들이 어떻게 움직일지 정하세요.

5. **대화 추가:** 캐릭터들끼리 대화를 나누게 하려면, '형태' 카테고리에서

'말하기' 블록을 사용하세요. 이 블록을 사용해 캐릭터들이 말하는 내용을 입력할 수 있어요.

6. 음악과 효과음 추가: '소리' 카테고리에서 음악이나 효과음을 추가할 수 있습니다. 음악과 효과음은 애니메이션을 더 생동감 있게 만들어요.

이제 기본적인 애니메이션 제작을 배웠으니, 더 복잡한 캐릭터 간 상호 작용, 혹은 독특한 애니메이션 효과를 시도해 볼 수도 있습니다. 또 다른 사람들과 협업하여 더 큰 프로젝트를 만드는 것도 좋은 방법이에요.

| 문제 해결과 디버깅 |
코딩 과정에서 발생하는 오류를 찾아 수정하는 방법 배우기

코딩은 문제 해결 능력이 있어야 하는 활동입니다. 가끔 우리가 만든 코드가 예상대로 작동하지 않을 수 있어요. 이럴 때 문제를 파악하고 해결하는 과정을 '디버깅'이라고 합니다. 이번 장에서는 스크래치로 코딩할 때 발생할 수 있는 일반적인 문제들과 이를 어떻게 해결할지 알아봅시다.

🐰 : 스크래치로 캐릭터를 움직이는 코드를 작성했는데, 캐릭터가 움직이지 않아요. 어떻게 해야 하죠?

🌸 : 코드의 어떤 부분을 사용했는지 간단히 설명해 주겠어요?

🐰 : '이벤트'에서 '플래그 클릭시' 블록을 사용했고, '제어'에서 '무한 반복하기' 블록을 사용했어요. 그리고 '동작'에서 방향키로 캐릭터를 움직이도록 설정했습니다.

🌸 : 방향키로 캐릭터를 움직이도록 설정할 때 '만약 ( )라면' 블록을 사용하여 각 방향키가 눌렀을 때 캐릭터가 움직이도록 설정했나요?

🐰 : 아니오. 그건 빠뜨렸어요.

🌸 : 그 문제일 수 있어요. '제어' 카테고리에서 '만약 ( )라면' 블록을 가져와 '무한 반복하기' 블록 안에 넣고, '감지' 카테고리에서 방향키가 눌렀는지 확인하는 블록을 '만약 ( )라면' 블록에 연결해보세요. 그다음에 '동작' 카테고리에서 캐릭터를 움직이는 블록을 추가하면 돼요.

🐰 : 됐다! 캐릭터가 움직여요! 감사합니다.

🌸 : 천만에요! 디버깅은 코딩의 중요한 부분이에요. 문제가 생겼을 때는

항상 코드를 천천히 살펴보고, 누락된 부분이나 잘못된 설정이 있는지 확인하세요.

이렇게 코딩하면서 발생하는 문제를 진단하고 해결하는 과정을 통해 학습하고 성장하는 것이 중요합니다. 디버깅은 코딩의 기본 중 하나로, 문제 해결 능력을 키우는 데 큰 도움이 됩니다. 기존의 지식과 논리적 사고를 바탕으로 새로운 해결

작성한 코드가 제대로 움직이지 않는다면, 하나하나 진단하며,
문제를 해결해보는 거야. 챗GPT는 인간이 놓친 부분을 발견할 수 있어.

책을 모색하는 것은 코딩뿐만 아니라 다양한 분야에서 중요한 역량입니다. 위와 같은 실수를 찾아내는 일뿐만 아니라 코드를 수정할 수도 있습니다.

- **문제 찾아주기** | 만약 프로그램이 이상하게 동작하면, 챗GPT에 무슨 일이 일어나고 있는지 설명해봐요. 챗GPT가 문제를 찾아서 어떻게 고칠 수 있는지 알려줄 거예요.

- **프로그램 빠르게 만들기** | 프로그램이 너무 느리게 동작한다면, 챗GPT에게 어떻게 더 빠르게 할 수 있는지 물어봐도 돼요.

- **문법 오류 해결** | 누구나 코딩을 하다 보면 문법 실수를 할 수 있어요. 문법은 조금만 틀려도 프로그램이 아예 작동하지 않을 수 있어요. 하지만 어디서 문법을 틀렸는지 찾아내는 건 정말 쉽지 않죠. 그럴 때 코드를 복사해서 보여주면, 챗GPT가 어떻게 고칠 수 있는지 알려줄 거예요.

4장

자기주도 학습과 스트레스 관리

자기주도 학습을 위한 챗GPT 활용법

자기주도 학습은 직접 학습 목표를 설정하고, 학습 과정을 이끌어 나가는 것을 의미합니다. 누군가 시켜서 하는 공부가 아니라 자발적으로 공부하기 때문에 학습 효율성이 높고, 책임감을 기르며 공부 목표가 분명해지죠. 자기주도 학습을 잘하는 학생들은 독립적인 사고력을 갖추고, 문제 해결 능력이 뛰어나며, 새로운 정보나 기술을 빠르게 습득하는 능력이 있어요. 이는 학업뿐만 아니라 다양한 영역에서 성공을 이루는 데 큰 도움이 됩니다. 자기주도 학습은 단기 목표와 장기 목표를 설정하여 단계별로 성취하며 꾸준히 동기부여와 성취감을 얻는 것이 중요합니다. 하지만 막상 혼자 시작하려면 막막할 수 있어요.

🐰 : 자기주도 학습은 어떻게 시작하는 걸까요? 주도적으로 목표를 세우며 학습하고 싶은데 잘 모르겠어요.

🌼 : 자기주도 학습을 시작하는데 도움이 되도록 함께 노력해봐요. 먼저 달성하고 싶은 학습 목표가 무엇인지 알려주세요.

🐰 : 네, 올해 안에 영어 능력을 키우고, 프로그래밍 기초를 배우고 싶습니다.

🌼 : 좋은 목표입니다! 이제 그 목표를 좀 더 구체적으로 만들어봅시다. 영어 능력을 향상시키기 위해 어떤 책을 읽을 것인지, 프로그래밍은 어떤 언어를 배울 것인지를 정해보세요. 또 단기 목표와 장기 목표를 설정하는 것도 좋아요. 단기 목표는 이번 달까지 특정 책을 끝내는 것, 장기 목표로 올해 안에 영어 능통자가 되는 것 등을 생각해 볼 수 있겠지요. 이 목표를 어디에 기록할지도 생각해보세요.

🐰 : 영어는 〈해리 포터〉 시리즈를 읽으면서 단어와 문장 구조를 연습하고, 프로그래밍은 파이썬을 배울래요. 단기 목표는 〈해리 포터〉 첫 번째 책을 이

번 달 안에 다 읽는 것, 장기 목표는 올해 안에 시리즈를 전부 읽는 것입니다. 목표는 노트에 적어둘게요.

🌱 : 이제 시간 관리와 학습 목표를 주간과 월간 단위로 계획을 세워보세요. 주중에는 매일 영어로 책 읽기 30분, 주말에는 파이썬 학습 1시간 등으로 계획을 나눌 수 있어요. 또 학습 자료를 미리 준비해 두고, 정기적으로 복습하는 시간도 잡는 것이 좋습니다.

자기주도 학습의 시작은 목표를 세우고 목표를 달성하기 위한 계획을 직접 세워서 하나하나 실천하는 거야.
그 목표를 달성하기 위해 챗GPT가 도움을 줄 거야.

🐰 : 주간과 월간 계획을 세워서 노트에 적어둘게요. 이런 방식으로 계획을 세우니 뭔가 체계적으로 학습할 수 있을 것 같아요.

🌼 : 기계적으로 학습하는 것이 아니라, 목표와 계획에 맞춰 유연하게 학습하는 것이 좋아요. 단기 목표와 장기 목표를 설정하여 단계적으로 성취해 나가는 것도 잊지 마세요.

챗GPT와 학습 목표를 설정하고, 시간 관리 및 학습 계획을 세우는 것이 자기주도 학습에 도움이 될 거예요. 챗GPT는 이런 간단한 계획뿐만 아니라, 세부적인 계획, 계획표 짜기, 학습 플래너 만들기 등 다양한 방면에서 자기주도 학습을 잘할 수 있도록 도움을 줄 수 있어요. 학습 목표를 효과적으로 관리해서 강압적으로 학습하는 게 아니라 성취감을 느껴가며 공부에 자신감도 얻을 수 있어요.

챗GPT로 배우는 학업 스트레스 관리

　스트레스란 어떤 상황이나 환경으로 인해 심리적, 정서적 또는 신체적으로 부담을 느끼는 상태를 말합니다. 스트레스는 현대 사회를 살고있다면 누구나 경험할 수 있어요. 스트레스가 많이 쌓이면 학업 성적뿐만 아니라 정신 건강에도 나쁜 영향을 끼칠 수 있습니다. 심리 상담은 이러한 스트레스를 관리하는 데 효과적인 방법이지만, 상담을 받으러 가는 것이 어렵거나 불편할 수도 있어요. 챗GPT는 대화형 인공지능이기 때문에 스트레스 관리에 도움을 줄 수 있는 좋은 도구입니다. 이 장에서는 챗GPT와 대화하며 스트레스를 관리하는 방법을 살펴보고, 챗GPT가 어떻게 스트레스 관리에 효과적인 역할을 하는지 알아볼게요.

🐰 : 요즘 공부 때문에 너무 스트레스를 많이 받고 있어요. 뭔가 마음이 너무 답답해요.

🌱 : 스트레스를 받고 있다니 걱정되네요. 스트레스의 정도를 알아보기 위해 간단한 스트레스 지수 테스트를 해볼까요? 이 테스트는 스트레스 수준을 파악하는 데 도움이 돼요.

🐰 : 테스트를 해보고 싶어요.

🌱 : 좋습니다. 다음 질문에 답해주세요.

1) 최근 일주일 동안 자주 피로를 느꼈나요?
2) 잠을 제대로 못 자거나 잠들기 힘들었나요?
3) 일상적인 일에 집중하기 어려웠나요?
4) 자주 걱정이나 불안을 느꼈나요?

🐰 : 1번은 가끔, 2번은 자주, 3번은 자주, 4번은 가끔요.

🌱 : 답변을 바탕으로 보아, 중간 정도의 스트레스를 겪고 있는 것 같습니다. 스트레스를 줄이는데 도움이 될 만한 여러 가지 방법이 있어요. 취미를 가지거나 친구와 시간을 보내는 것도 스트레스를 줄이는 데 도움이 될 수 있습니다. 혹시 어떤 취미를 가지고 있나요?

🐰 : 그림 그리는 것을 좋아하는데, 요즘은 할 시간이 없어요.

🌱 : 좋은 취미예요. 시간을 잘 사용해서 취미 생활을 가지는 것은 중요해요. 실제로 심리 상담에서도 스트레스 해소를 위해 취미나 여가 활동을 추천해요. 걱정이 많을 때는 취미 생활을 하며 잠시 잊고 스트레스를 해소하는 것이 좋습니다. 혹은 저와 대화하며 걱정거리나 생각을 쏟아내는 것도 좋은 방법이에요. 그러면 어떤 부분이 스트레스인지 알 수 있고, 후련해질 수 있습니다.

🐰 : 정말 그럴까요? 그럼 잠깐 제 생각과 걱정들을 얘기해 볼게요.

🌱 : 네, 언제든지 말씀하세요! 귀기울여 들을 준비가 되어 있어요.

🐰 : [걱정과 생각을 쏟아냄] 이렇게 말하니까 정말로 마음이 조금 가벼워 것 같아요.

🌱 : 적절한 휴식과 취미, 그리고 걱정을 털어놓을 수 있는 대화는 스트레스 관리에 큰 도움이 됩니다.

챗GPT와 대화하며 스트레스를 관리하는 데는 많은 장점이 있어요. 먼저 챗GPT는 언제나 사용 가능하여, 시간 제약 없이 필요할 때 도움을 받을 수 있어요. 챗GPT와 이야기하며 스트레스 지수를 대략 파악하고, 해소 방법을 배우는 것은 정신건강에 큰 도움이 됩니다. 또 타인에게 개인적 비밀과 고민을 말하기 어려울 때 오히려 중립적인 AI와 대화하는 게 더 편

내 스트레스 지수를 체크하고, 상담을 해봐.
남에게 하기 힘든 비밀 이야기나 속내를 털어놓으며
스트레스를 날려보는 것도 좋아.

안할 수 있어요. 그러나 챗GPT는 전문적인 심리상담가가 아니기 때문에, 심각한 정신 건강 문제의 경우 전문가의 도움을 받는 것이 좋아요.

그래도 일상적인 스트레스 관리 정도라면 편리하고 효과적으로 활용할 수 있으며, 스트레스를 적절하게 관리하고 삶의 질을 향상시키는 데 큰 도움이 될 것입니다.

스트레스를 적절하게 관리하면 집중력이 더 높아지고 학습 효율이 좋은 반면, 스트레스를 관리하지 못하면 불안과 긴장 때문에 집중력이 떨어지죠. 대화하면서 스트레스를 해소하고, 적절한 취미 활동과 휴식을 취하는 것은 학업 성적뿐만 아니라 정신 건강에도 긍정적인 영향을 미칩니다.

챗GPT와 함께 맞춤형 학습법 찾아보기

　세상에는 다양한 학습 방법이 존재한다는 걸 아나요? 우리는 서로 다른 배경과 특성을 가지고 있기 때문에, 모두 똑같은 학습 방법을 선택하는 것은 효과적이지 않아요. 마치 MBTI가 개인의 성향에 따라 다양하게 존재하는 것과 비슷하죠. 전교 1등이 사용하는 공부법이라고 무작정 따라했다간 오히려 역효과를 일으킬 수도 있어요. 공부를 잘하려면 남들을 따라하는 게 아니라, 나의 성향에 잘 맞는 학습법을 스스로 찾아야 해요. 이번 장에선 챗GPT와 함께 자기에게 맞는 학습전략을 찾고 효율적으로 공부하는 방법에 대해 알아볼 거예요.

🐰 : 공부할 때 오래 집중을 잘하지 못해요. 어떻게 하면 좋을까요?

🌱 : 그런 문제를 겪고 있군요. 현재 어떤 방식으로 공부하고 있는지 알려줄 수 있나요?

🐰 : 주로 책을 읽어요. 근데 글자만 봐도 졸립고, 재미가 없어요.

🌱 : 아, 그렇군요. 책을 읽는 것은 시각적 학습(Visual Learning) 방식의 일부입니다. 이런 학습은 도표, 그래프, 그림과 같은 시각 자료를 사용하여 개념을 이해하는 게 편한 방법이에요. 그런데 그런 학습법이 지루하다면 다른 방법을 시도해 볼 필요가 있어요. 혹시 강의를 들으며 공부하는 것은 어때요?

🐰 : 강의를 들을 때는 좀 더 집중을 잘하는 것 같아요.

🌱 : 좋아요. 그렇다면 청각적 학습(Auditory Learning) 방식이 더 적합할 수도 있겠네요. 이 방식은 소리와 말을 통해 정보를 전달해요. 강의를 듣거나, 음성 녹음을 통해 공부하는 것이 도움이 될 수 있어요.

🐰 : 그래도 강의를 듣는 것보다는 친구들과 이야기하면서 공부하는 게 더 재밌어요.

🌱 : 그렇다면 사회적 학습(Social Learning) 방식도 좋습니다. 그룹 스터디나 토론하면서 공부하는 것도 좋은 방법이에요. 다른 친구들과 함께 공

부하면서 서로의 의견을 공유하는 것도 도움이 될 수 있습니다.

🐰 : 좋은 방법이긴 한데 매번 친구들을 만날 수는 없어요. 혼자 공부할 때는 어떻게 해요?

🌱 : 혼자 공부할 때는 운동형 학습(Kinetic Learning) 방법을 시도해볼까요? 운동 학습은 몸을 움직이며 학습하는 방법으로, 특히 집중력이 약한 사람에게 효과적이죠. 이 방법은 뇌에 산소를 공급해서 기억력과 집중력이 좋아져요.

🐰 : 좀 더 구체적으로 설명해주세요.

🌱 : 만약 어떤 내용을 외워야 한다면, 읽으면서 걷거나 조깅을 할 수 있어요. 또는 20~30분 간격으로 짧은 휴식 시간을 두고 몸을 움직이며 스트레칭을 하는 것도 좋습니다. 과학 이론을 학습할 때는 실제 실험을 해보거나 모형을 만들어 볼 수도 있어요. 이렇게 하면 학습 내용을 실제로 경험하고 느끼며 이해하는 데 도움이 됩니다.

🐰 : 그런 방법으로 공부해본 적은 없는데 좋을 거 같아요. 이런 방법도 다양하게 시도해볼게요.

🌱 : 운동 학습은 다양성과 즐거움을 학습 과정에 더해줄 수 있어요. 중요한 것은 자기에게 맞는 학습 방법을 찾는 것이니 여러 가지 방법을 시도하는 걸

추천해요. 자기에게 맞는 방법을 찾아내는 과정에서 즐거움과 동기를 얻을 수 있을 거예요.

책을 마무리하며, 우리는 챗GPT와 같은 인공지능을 활용하여 학습 과정을 어떻게 풍부하고 생산적으로 만들 수 있는지 살펴보았어요. 학습은 단순히 지식을 쌓는 것이 아니라, 끊임없는 개선과 성장의 과정이죠. 아무 생각 없이 남들이 시키는 대로, 혹은 나보다 공부를 잘하는 친구를 무작정 따라하는 것보다도, 자신에게 맞는 공부법을 찾고 적용하는 것이 중요합니다.

그러나 공부만이 우리의 삶을 완성시키는 것은 아닙니다. 정신적인 건강도 우리의 성공과 행복에 큰 영향을 미칩니다. 아무리 공부를 잘하더라도 정신적으로 건강하지 못하다면 아무 소용이 없는 거죠. 챗GPT와의 대화하면서 공부 계획을 세우고 효율적인 학습 전략을 구성하는 것은 물론이고, 스트레스를 관리하고 감소시키는 것도 함께 짚어봤어요.

이 책을 읽으면서 얻은 지식과 도구를 활용하여, 책상 앞에서뿐만 아니라 삶의 다양한 분야에서도 균형 잡힌 접근 방법을 취해야 합니다. 열정적으로 공부하되, 또 열정적으로 놀기도 해야 한다는 걸 잊지 마세요!

   챗GPT 같은 인공지능은 우리의 가르침과 도움을 받아 성장했어요. 마찬가지로 우리 역시 그들에게 배우고 성장할 수 있습니다. 이렇게 서로 상호 작용하면서 학습과 삶의 질을 풍요롭게 만들 방법을 얻길 바랍니다.

https://chat.openai.com에서 만나~!

부록

공부에 도움이 되는 AI 추천

생성형 AI, 즉 인공지능이 새로운 내용을 만들어 내는 기술이란 무엇일까요? 생성형 AI는 기계 학습 알고리즘을 활용하여 이미지, 텍스트, 음악 등 다양한 형태의 콘텐츠를 생성합니다. 우리가 이 책을 읽으면서 만나본 챗GPT도 바로 생성형 AI의 한 예입니다.

하지만 우리가 알아야 할 것은 챗GPT가 생성형 AI의 전부는 아니라는 점입니다. 챗GPT 외에 공부에 도움이 될 만한 다양한 생성형 AI 도구들을 소개할게요

| 스피크 AI | AI와 영어로 대화해보기

스피크(Speak) AI는 우리와 영어로 대화를 나눠주는 도구입니다. 영어 공부에 어려움을 겪고 있는 친구들은 스피크 AI와 함께 즐겁게 대화하면서 영어 실력을 높일 수 있어요. 가상의 해외 친구와 이야기하는 것처럼 상상력을 발휘해 보세요.

미국 샌프란시스코에 있는 스타트업 '스피크이지 랩스(Speak-easy Labs)'가 만든 '스피크'는 영어 학습 친구가 될 수 있어요. 이 앱에는 'AI 튜터'라는 기능이 있어요. AI 튜터는 똑똑한 챗봇으로, 우리와 영어로 대화를 나눠줍니다.

스피크에서는 상황도 선택할 수 있어요. 예를 들어 학교 개상일을 선택하면 새로운 친구를 만난 것처럼 대화를 나누게 됩니다. 이때 우리에게는 몇 가지 임무를 줄 거예요. 이 임무들을 해결하면서 대화를 이어 나갈 수 있어요. 또는 '자유 토픽 롤플레이' 기능을 선택하면, 우리가 원하는 상황을 직접 만들어 볼 수 있습니다. 프랑스로 여행을 가는 상상을 해보며 AI 튜터와 여행 계획도 이야기해 볼 수도 있답니다.

대화를 이어 나가는 데 어려움이 있다면, 앱 안에는 도움을 줄 수 있는 여러 기능이 있습니다. 상대방의 말을 이해하지 못할 때는 번역 버튼을 누르고, 말을 더하고 싶은데 무엇을 말해야 할지 모를 때는 도움말 버튼을 누르면 우리를 도와줄 거예요.

| 타입캐스트 | 다양한 목소리로 이야기를 더 생생하게!

타입캐스트(Typecast)는 다양한 목소리로 더빙하는 AI 도구입니다. 학교 발표나 과제를 준비할 때, 캐릭터들에게 멋진 목소리를 입히면 이야기를 더 흥미롭게 만들 수 있어요. 아마 유튜브나 틱톡에서 다양한 목소리로 더빙된 영상을 봤을 거예요. 그런데 우리가 봤던 영상 속 목소리 중 많은 목소리가 사실 인공지능 성우의 목소리라는 걸 알고 있었나요? 타입캐스트처럼 AI 더빙 도구를 사용하면, 성우가 직접 녹음하는 것처럼 자연스러운 내레이션과 대화를 쉽게 만들 수 있어요. 이건 시간도 아끼고, 돈도 절약할 수 있는 똑똑한 방법이죠.

먼저 인터넷 브라우저를 열고 'typecast.ai' 라는 주소를 입력해주세요. 화면에는 '지금 시작하기'라는 버튼이 보일 거예요. 그 버튼을 누르거나 회원가입을 하면 시작할 수 있어요. 타이프캐스트에는 180개가 넘는 다양한 성우 목소리들이 준비되어 있어요. 그래서 가끔은 어떤 목소리를 골라야 할지 고민이 될 땐, 첫 페이지에서는 인기 있는 캐릭터 목소리나 새로운 목소리를 추천받아서 고르면 됩니다.

'새로 만들기'나 '프로젝트 생성'을 클릭하면, 우리의 이야기를 적을 수 있는 공간으로 이동해요. 이곳에 대본을 적어보세요. 이미 준비된 대본이 있다면, 복사해서 붙여넣기만 하면 돼요. 그리고 우리는 AI 성우의 감정도 조절할 수 있어요. 오른쪽 비튼을 눌러 감정과 톤을 바꿔보세요. 캐릭터가 기쁘게 말하게 하거나, 슬프게, 또는 신나게 감정을 표현하며 말해요. 말의 빠르기나 목소리의 높낮이도 바꿀 수 있답니다. 교실 발표에서 친구들을 놀라게 하는 것부터, 집에서 가족과 즐기는 재미있는 이야기까지 다양하게 활용할 수 있어요.

| 플루닛 스튜디오 | 말하는 디지털 휴먼을 만들어보자!

타이프캐스트를 이용해 AI에 동영상 더빙을 맡겼다면 이번엔 움직이는 AI 캐릭터를 우리의 동영상에 출연하게 해볼까요? 플루닛 스튜디오를 활용해 말하는 디지털 인물, 즉 메타 휴먼을 간편하게 만들 수 있어요. 챗GPT가 플루닛 스튜디오 서비스와 통합되어, 대본이나 원하는 양식을 작성하는데도 매우 쉽고 간편합니다. 메타 휴먼은 실제 사람과 달리 시간과 비용을 절약하면서도 다양한 스타일과 캐릭터로 변형이 가능해요.

이렇게 시작해봅시다:

플루닛 스튜디오의 편집화면에서 오른쪽 메뉴바의 [메타 휴먼] 버튼을 선택한 후, [다음]을 누릅니다. 하단에 있는 [ChatGPT] 버튼을 클릭합니다.
원하는 정보를 구체적인 문장 형태의 질문으로 작성한 뒤, [입력] 버튼을 누릅니다.

원하는 답변이 하단에 나타나면, [스크립트 적용]을 눌러 스크립트에 추가합니다.

다음 단계로, 우리의 메타 휴먼을 설정합니다:

1. **메타 휴먼 선택**: 영상에 가장 잘 어울리는 메타 휴먼의 모습을 선택합니다.

2. **스타일 선택**: 원하는 스타일로 캐릭터를 꾸며줍니다.

3. **자세 선택**: 서 있는 자세, 앉은 자세 등 메타 휴먼의 자세를 설정합니다.

4. **목소리 선택**: 차분한 느낌의 일반 톤 혹은 밝은 톤의 목소리 중에서 선택합니다.

이렇게 메타 휴먼은 다양한 캐릭터로 변형이 가능하여, 한 동영상에서 여러 역할을 수행하는 데에도 유용합니다. 또 국적, 연령, 성별 등 다양한 배경을 가진 캐릭터를 쉽게 만들 수 있습니다. 플루닛 스튜디오는 짧은 영상 제작에 특화되어 있어, 짧고 간결한 콘텐츠를 효율적으로 만드는 데 큰 도움이 됩니다. 유튜브 '쇼츠', 인스타그램 '릴스', 틱톡과 같은 플랫폼에서 활용할 수 있어요.

| 감마 | 발표 준비, AI가 도와준다!

발표 준비는 언제나 어렵고 시간이 많이 들죠. 감마(Gamma)라는 AI 도구의 도움을 받으면 발표 준비를 좀더 쉽고 빠르게 만들어 볼 수 있어요. 챗GPT 엔진을 기반으로 한 감마는 자동으로 PPT, 워드 문서, 웹페이지를 만들어줍니다. 영문으로 설정되어 있지만, 한글로도 질문하거나 결과물을 만들 수 있답니다. 과학 프로젝트, 학교 연극 소개, 토론 대회 등 다양한 학교 활동에서 감마를 활용해 보세요.

| 감마 사용법 |

- **프로젝트의 초안 만들기** | 프로젝트를 시작할 때, 감마를 사용해 기본적인 내용과 구조를 갖춘 초안을 빠르게 만들 수 있어요.

- **이미지 찾기** | 발표에 적합한 이미지를 직접 찾는 것은 시간이 오래 걸려요. 감마가 주제에 맞는 이미지를 자동으로 찾아준다면, 이 과정을 훨씬 빠르게 진행할 수 있겠죠.
- **협업 기능 활용** | 여러 사람이 함께 작업할 때, 감마의 협업 기능을 이용하면 다른 사용자와 쉽게 공유하고 함께 작업할 수 있어요.
- **디자인 및 레이아웃 수정** | 감마가 만든 초안을 바탕으로, 디자인과 레이아웃을 더 개선하고 다듬는 것이 좋아요.
- **내용 검증** | 감마가 만든 내용이 항상 정확하지 않을 수 있으니, 꼼꼼히 검토하고 필요한 경우 수정하는 것이 중요합니다.

이렇게 감마를 이용하면 발표 준비가 훨씬 수월해질 거예요. 발표가 더욱 전문적으로 빛나게 만들어보세요!

| 플레이그라운드 | 그림으로 무한한 상상력을 표현하다!

플레이그라운드(Playground)는 AI 기반의 그림 생성 도구로, 무한한 상상력을 그림으로 표현할 수 있습니다. 이 도구는 미술 프로젝트, 스토리북 만들기, 캐릭터 디자인 등에 활용할 수 있어요.

| 플레이그라운드 사용법 |

1. 플레이그라운드 웹사이트에 접속하여 Google 계정으로 가입합니다.
2. 오른쪽 상단에 있는 'Create' 버튼을 클릭합니다.
3. 왼쪽에 있는 'Prompt' 칸에 원하는 그림에 대한 설명을 적어요. 프롬프트는 여러분이 원하는 그림의 주제나 내용을 간단히 기술하는 문장이나 단어입니다.
4. 한국어는 미흡하여 영어로 작성하는 것이 필요하며, 어려우면 챗GPT를 활용하여 영어 문장을 만들 수 있습니다.
5. 'Prompt' 칸 위에 있는 'Filter' 버튼을 누르면 다양한 그림체 옵션을 선택할 수 있어요. 이 중에서 사실적, 픽셀아트, 팝아트, 레트로, 오일, 유화 등 다양한 스타일이 있습니다.
6. 요청한 그림이 완성되면 다운로드하여 사용할 수 있습니다. 하루에 1000번까지 무료로 그림을 만들 수 있어요.

예를 들어 '귀여운 고양이가 딸기를 먹는 그림'이라는 프롬프트를 입력하면, 우리가 선택한 그림체로 다양한 스타일의 고양이 그림을 받을 수 있습니다. 어때요, 잘 그리죠?

이렇게 우리는 플레이그라운드를 다양한 상황에서 활용할 수 있어요. 미술 수업에서 새로운 작품 아이디어를 찾거나, 과학 프로젝트에 필요한 일러스트를 만들 때, 혹은 스토리텔링과 창작 활동에서 캐릭터와 배경을 디자인하는 데 사용할 수 있습니다. 또 팀 프로젝트에서 발표 자료의 시각적 요소를 풍부하게 만드는 데에도 적합합니다.

인공지능은 이미 우리 일상의 많은 부분에 녹아들고 있습니다. 스마트폰, 자동차, 의료, 교육, 콘텐츠 제작 등의 분야에서 AI는 효율적이고, 창의적으로 삶을 살아가는 데 큰 도움을 주고 있습니다. 그러나 이런 긍정적인 측면과 더불어, AI 기술의 빠른 발전은 새로운 문제를 야기하기도 합니다. 개인정보 보호, 직업의 변화, 인공지능의 윤리적 사용 등 여러 가지 이슈가 더욱 중요해지고 있습니다. AI를 무작정 사용하기 전 이러한 문제들을 인식하고, 책임감을 느끼며 행동하는 것도 매우 중요하죠.

기술이 변화하는 속도에 뒤처지지 않도록, 새로운 지식과 기술을 습득하는 데 적극적으로 노력하고, 우리가 가지고 있는 창의력과 인간다움을 발휘하여 AI와 협력하여 새로운 가치를 창출할 수 있습니다.

마지막으로, 인공지능은 단순히 기술이 아닌, 인류와 미래 사회를 위한 도구입니다. 그것을 통해 더 나은 세상을 만들 기회를 얻게 되었습니다. 우리가 모두 이 기회를 책임감 있게 활용하여, 지속 가능하고 평화로운 미래를 만드는 데 기여할 수 있기를 바랍니다. 인공지능의 세계는 끊임없이 진화하고 있습니다. 우리의 호기심, 배움, 그리고 행동이 그 진화의 중심에 있을 것입니다.

챗GPT의 장점

① **접근성** 인터넷이 연결된 어디에서나 쉽게 사용할 수 있습니다.
② **지식 저장소** 방대한 데이터베이스로부터 정보를 가져옵니다.
③ **실시간 대응** 사용자의 질문이나 요청에 즉시 응답합니다.
④ **비용 효과** 무료 또는 저렴한 비용으로 많은 정보와 도움을 제공합니다.
⑤ **언어 지원** 다양한 언어로 대화할 수 있어 언어 장벽을 줄입니다.
⑥ **학습 도우미** 공부에 필요한 정보와 팁을 제공하여 학습을 도와줍니다.
⑦ **무제한 사용** 시간 제한 없이 필요할 때마다 사용할 수 있습니다.
⑧ **독립성** 다른 사람의 도움 없이 혼자서 정보를 얻을 수 있습니다.
⑨ **친근함** 대화 형식으로 사용자와 친근하게 소통합니다.
⑩ **장기 기억** 이전 대화 내용을 저장하지 않아 사용자의 정보를 보호합니다.
⑪ **동기 부여** 목표 달성과 학습 동기를 부여하는 정보와 팁을 제공합니다.
⑫ **다양한 역할 대응** 챗봇은 교사, 상담사, 친구 등 다양한 역할로 대응할 수 있습니다.
⑬ **상상력 촉진** 창의적인 아이디어나 상상력을 키우는 데 도움을 줄 수 있습니다.

챗GPT의 단점

① **정확성 한계** 항상 정확한 정보를 제공하지는 못합니다.
② **의존성** 너무 많이 의존하면 자기주도적 사고 능력이 떨어질 수 있습니다.
③ **개인정보 위협** 사용자의 데이터가 노출될 위험이 있습니다.
④ **표준어 한계** 비표준적인 언어나 용어에는 취약할 수 있습니다.
⑤ **인터넷 필요** 인터넷 연결 없이는 사용할 수 없습니다.
⑥ **기술적 장벽** 기술에 익숙하지 않은 사용자는 사용이 어려울 수 있습니다.
⑦ **상호 작용 한계** 인간처럼 깊이 있는 상호 작용을 제공하지 못합니다.
⑧ **감정 이해 부재** 사용자의 감정을 이해하거나 공감하지 못합니다.
⑨ **잘못된 정보** 가끔 잘못된 정보를 제공할 수 있습니다.
⑩ **논리적 한계** 복잡한 논리적 문제를 완벽히 해결하지 못할 수 있습니다.
⑪ **독창성 부족** 독창적이거나 창의적인 생각에 한계가 있습니다.
⑫ **최신 정보 부재** 2021년 이후의 정보를 알지 못하므로 최신 정보를 제공하지 못합니다.
⑬ **비영어 서투름** 영어 외의 언어에서는 아직 조금 서투르며 정확도가 떨어질 수 있습니다.

속담이 알려주는 비밀

글 이동은 | 그림 한규원(필움) | 184쪽 | 13,500원

귀여운 동물 친구들과 속담을 속속들이 파헤치다

여러 학년의 국어 교과서에서 다루고 있는 속담, 그 이유는 무엇일까요?
말하기와 듣기 능력을 향상시켜주고 문해력을 높일 수 있기 때문입니다.
옛사람들의 다양한 지혜가 담겨 있는 속담을 귀여운 동물 친구들이 등장하는 만화로
쉽게 이해하고, 속담을 통해 여러 교과 지식들까지 배워보세요.